店铺运营

主　编　曹振华　王成志
副主编　王　冰　梁庆波

北京理工大学出版社
BEIJING INSTITUTE OF TECHNOLOGY PRESS

版权专有　侵权必究

图书在版编目(CIP)数据

店铺运营/曹振华，王成志主编.—北京：北京理工大学出版社，2020.9

ISBN 978-7-5682-8885-9

Ⅰ.①店… Ⅱ.①曹…②王… Ⅲ.①网店—运营管理 Ⅳ.① F713.365.2

中国版本图书馆 CIP 数据核字 (2020) 第 146504 号

出版发行／北京理工大学出版社有限责任公司
社　　址／北京市海淀区中关村大街 5 号
邮　　编／100081
电　　话／（010）68914775（总编室）
　　　　　（010）82562903（教材售后服务热线）
　　　　　（010）68948351（其他图书服务热线）
网　　址／http://www.bitpress.com.cn
经　　销／全国各地新华书店
印　　刷／定州市新华印刷有限公司
开　　本／787 毫米 ×1092 毫米　1/16
印　　张／12.5
字　　数／273 千字
版　　次／2020 年 9 月第 1 版　2020 年 9 月第 1 次印刷
定　　价／37.00 元

责任编辑／张荣君
文案编辑／代义国　张荣君
责任校对／周瑞红
责任印制／边心超

图书出现印装质量问题，请拨打售后服务热线，本社负责调换

在互联网+的经济浪潮下，越来越多的个人与企业选择投身电子商务行业，开设自己的在线商务交易店铺。而在线商务交易店铺的开设，需要强大的资金与团队支持，很多企业与个人并不具备条件。因此，选择在国内知名的第三方电子商务平台开设店铺就成了店铺电商化的最佳途径。

纵观我国的几大电商平台，以淘宝为例，它在互联网经济的商务环境中，取得了令人瞩目的成就。随着阿里巴巴的上市与"双十一"活动的巨大成功，淘宝受到了企业与个人越来越多的青睐，也使得越来越多的电商经营者选择在淘宝平台开设电子商务店铺。最早创业的淘宝一代人从进入电商开始一直在调整产品与思路，学习推广、管理等电商服务技能，在淘宝流量红利的前期也取得了巨大的成功。但由于加入淘宝的企业与个人的数量猛增，淘宝网店的经营也变得日渐复杂，从流量红利期转入对店铺运营能力的综合考察期。

店铺运营涉及的不仅仅是对理论的理解与运用，对于数量众多的淘宝店铺经营者来讲，基于产品理解、实践操作得出的理论更加切合实际。对于广大的店铺经营者来讲，学习网店店铺的运营显得尤为重要。因此，我们根据经营淘宝的经验，编写了本教材。本教材以淘宝店铺为例，详细地描述了在淘宝站内各个运营环节中涉及的操作点。

本教材具有鲜明的特点：①理论依据明确，以实际案例为引导，针对淘宝店铺运营中的实际问题展开论述，具有很强的针对性。②内容实用，以真实店铺的开设及运营为主题，读者阅读完本教材将能解决店铺运营中出现的实际问题，实用性强。③内容详尽，与时俱进，脉络清晰，配合详尽的步骤图，一目了然，清楚易学。例如，淘宝更新了网上开店的方法、会员关系管理平台等，本教材介绍的相关内容也进行了同步更新。④实践性强，将理论融于操作中，突出实践在课程中的主体地位，有别于纯理论的传统店铺运营教材。

本教材共六章，各章节由知识目标、技能目标、知识导入、案例导入、知识回顾、课后练习、拓展阅读等模块组成，以期巩固学习内容，启发学生思维。本教材建议用72学时教学，第一章4学时，第二章18学时，第三章18学时，第四章10学时，第五章12学时，第六章10学时。

本教材内容导图如下图所示：

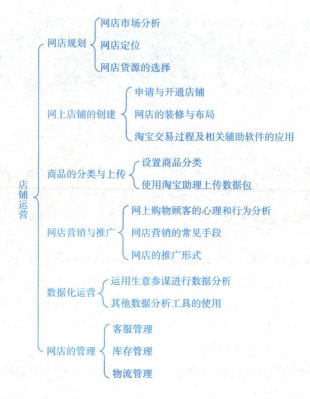

由于编者水平有限、时间仓促，书中难免有疏漏和不足之处，恳请专家和读者予以批评指正。

编者

2019 年 11 月

第一章　网店规划 ································· 1
第一节　网店市场分析 ····························· 3
第二节　网店定位 ································· 8
第三节　网店货源的选择 ·························· 17

第二章　网上店铺的创建 ·························· 23
第一节　申请与开通店铺 ·························· 24
第二节　网店的装修与布局 ························ 38
第三节　淘宝交易过程及相关辅助软件的应用 ·········· 62

第三章　商品的分类与上传 ························ 85
第一节　设置商品分类 ···························· 87
第二节　使用淘宝助理上传数据包 ·················· 99

第四章　网店营销与推广 ························· 108
第一节　网上购物顾客的心理和行为分析 ············ 110
第二节　网店营销的常见手段 ····················· 113
第三节　网店的推广形式 ························· 130

第五章　数据化运营 ····························· 153
第一节　运用生意参谋进行数据分析 ················ 154
第二节　其他数据分析工具的使用 ·················· 157

第六章　网店的管理 **161**
第一节　客服管理 **162**
第二节　库存管理 **174**
第三节　物流管理 **180**

参考文献 **190**

第一章 网店规划

【知识目标】
1. 了解网上开店的前景和发展趋势。
2. 了解网上开店的优势及劣势。
3. 了解网上开店应关注的相关问题。

【技能目标】
1. 能够对网店做市场前景分析。
2. 能够对网店货源进行分析和选择。

【知识导图】

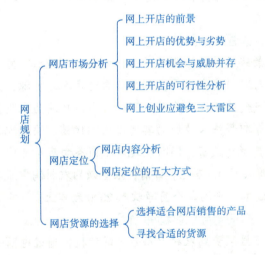

案例导入

残疾青年电商创业

江西省上犹县是国家扶贫开发重点县，2015 年以来，上犹县以成功入选全国电子商务进农村综合示范县为契机，大力发展电子商务产业。在全面开展电子商务进农村综合示范项目的建设过程中，当地政府聚焦电商精准扶贫，将当地的残疾青年、贫困户等作

为重点帮扶对象进行扶贫帮助，开展一对一结队帮扶，助力贫困群众脱贫致富。

通过"一对一，结对子"的方式，当地政府因户施策，因人施策，引导贫困群众克服"等、靠、要"思想，充分调动贫困户参与脱贫工作的积极性，增强帮扶对象的自身"造血"功能。在上犹县东山镇广田村，26岁残疾青年张坚强，通过一对一帮扶政策，成功运营淘宝村级服务站，带动当地百姓共同致富的故事在上犹广为流传。

一、聚焦贫困群体，开展一对一结队帮扶

为全面建设上犹县电子商务进农村项目，打通上犹县"网货下乡"和"农产品进城"的双向流通通道，让农村享受城市生活，解决农产品"买卖难"的问题，2016年9月，上犹县政府与阿里巴巴集团签订电子商务进农村合作协议，共同打造覆盖县、镇、村三位一体的农村电商及物流配送网络。

在项目建设期间，当地政府从镇、乡、村三个层面，整理出县内的贫困群众名单，并将他们作为重点帮扶对象，组织帮扶干部开展一对一帮扶。26岁的残疾青年张坚强，毫无悬念地成为被帮扶的一员。通过深入一线的调查及面对面交流，帮扶干部为张坚强制订了系统的脱贫方案。在得知淘宝招募第一批"农村淘宝"合伙人时，帮扶干部鼓励张坚强报名，并及时跟踪为其提供各类协助服务。2016年12月，张坚强的农村淘宝服务站顺利开业。上犹县东山镇党委书记和精准扶贫干部都特意前来向他道贺。开业当天，店铺的营业额高达2万元。

二、助力村站运营，增强贫困群体"造血"能力

一对一结队帮扶的最终目的是增强贫困群体的自我"造血"能力。在张坚强村站的运营过程中，当地政府与农村淘宝携手，利用各自电商人才资源，免费为张坚强提供村站运营服务，增强其自我创业的能力素质。同时，当地政府为张坚强配备电脑、办公桌椅等办公设施，并安排专职帮扶人员协助其完成代购代销、快递配送等服务，通过"代买＋代卖"的模式，助其脱贫致富，同时实现电子商务向基层延伸。2017年春节期间，张坚强的店铺营业额一度突破12万元。目前，张坚强的农村淘宝服务站已处于成熟期，除去水电费用、房租等成本，平均每个月净收入2000元以上。

三、创新运营模式，打造精准扶贫精品项目

为了让更多的上犹百姓享受到农村电商带来的便捷，通过电商手段实现脱贫致富，当地政府积极借鉴国内已有的"农村淘宝＋农家书屋"成功模式，最大限度地发挥张坚强的"头雁效应"，助力其把农村淘宝服务站打造成广田村集娱乐、消费、文化为一体的综合性示范点。

2019年，在帮扶干部的跟踪落实下，镇里已经批复同意了该项申请。现阶段，当地政府正组织帮扶干部，帮助张坚强进行店铺扩展、设备采购等，协助其完成"农家书屋""休闲健身馆"的打造。

第一章　网店规划

案例分析：

通过一对一结队帮扶政策，张坚强成功运营淘宝村级服务站，带动当地百姓共同致富。这种精神难能可贵，其中的艰辛可想而知，希望网店在这一模式运作下发展得越来越好！

第一节　网店市场分析

一、网上开店的前景

网上开店，首先要确定你是否适合网上创业。当确定了网上开店之路后，你首先要对你的创业行为进行市场分析，然后才能确定你的创业项目是否可行。

（一）市场环境

目前在中国每天大约有几十万甚至几百万人在互联网上进行交易，这些并不见面的买家和卖家，在网上看货、砍价、成交。他们所创造的销售流水并不亚于国内有名的大商场。随着宽带进入更多的家庭，电脑等外部设备性能提高，价格降低，个人上网的条件越来越好。中国已成为仅次于美国，全球互联网人口排名第二的国家。这一庞大上网人群必将产生一个规模可观的上网购物用户群，中国个人网上购物将进入快速成长期，发展个人网上交易的条件已经成熟。尤其是受一些客观因素影响，越来越多的中国人改变了传统的购物方式，开始尝试通过网络方式选择自己需要的商品，有超过 68% 的网民表示会在未来一年内尝试进行网络购物。

（二）经营模式

只要会上网，一元钱就可以在网上开个店。想要在网上开店的卖家，只需要登录个人电子商务站点或频道，先是注册成为用户，登录后填写建店信息，建店就可以完成。个人只需要拥有一台电脑，每天上网来管理商品、自己决定定价和促销手段。以某电子商务网站为例，如果要在其商城频道"买卖街"中建立个人店，每上传一件商品交纳 2 元，可保留 1 个月，国内的中文网上交易平台，目前向卖家收取商品登录费，登录费 1~8 元不等，以商品最低成交价为计费基数，并在每次交易成功之后，收取相应佣金（交易服务费），价格按每件商品在网上成交金额的 0.25%~2% 收取，如果未实际成交则不收取服务费。一件商品在网上以 3000 元人民币的价格成交，交易服务费约为 30 元。

有的网站必须要实名注册，通过实名认证后，不仅有"奖状"作为标记，还能得到一颗星；交易后双方互做信用评价，信用评价由评价类型（好、中、差）和评论内容组成。用户得到的所有评价构成用户的信用记录。认真如实的评价可以为其他用户提供参照。当然，评价方同样可以从他人提供的评价里获益。目前，此方法已被广泛地运用在电子商务领域。

二、网上开店的优势与劣势

（一）网上开店的优势

（1）网上开店成本低，可避免实体店的房租费、装修费、水电费等。网上卖家不经过经销商，而是由厂商直接进货，在价格上具有很大的优势。

（2）没有传统商店营业面积限制，店铺风格多变，销售方式多样，可以满足不同顾客的视觉、感观。网店的覆盖面广，我们面对的顾客来自全国甚至全世界，只要有电脑可以上网，网店就有可能被发现，所以网店具有巨大的潜在市场。

（3）没有时间限制。网店可以24小时对顾客开放，只要用户登录网站，就可以挑选自己需要的商品。

（4）网店的铺货非常方便，突出网店的时效性，网店可以快速地找到新的货物，从而突出快捷性。

（5）交易方式稳妥，对于一些商品可以先使用后付款，退货也非常方便，因为支付宝是一个非常好的交易平台，对买卖双方而言都非常的方便安全，体现了退货的便捷性。

（6）购物环境"安静舒适"，在现实生活中，颇令人反感的是，导购、销售人员从顾客进门开始就不停地询问顾客的购买意向、介绍本店商品等，这会使很多顾客感觉不自在、有压力，甚至有些职业素质偏低的销售员会视顾客的穿着、身份等区别对待，若顾客试穿后不买更会冷言冷语。而在网上店铺购买商品，则没有这种烦扰，顾客可以随意地浏览在线陈列的商品，不会有人催促，也不会有人将商品强行推销给你，同时顾客可以不受干扰地与卖家讨价还价。

（7）对于顾客来讲，网上购物私密性强。对于一些敏感性的商品，顾客可能会感到尴尬，网店就避免了这一问题；商家信誉，浏览一下记录一眼便知，买家对卖家就会有一定的了解，对商品的质量以及服务都有一定的保证。

（二）网上开店的劣势

（1）货物表达方式无法直观、生动地了解，不够真实。由于是网店，只能通过照片来展示商品，这样的话，一般卖家都会对图片进行一些处理，这样不如实体店的商品来得真实。

（2）物流问题多。运输途中容易发生各种情况，网店多半是采用物流发货的，运输是一个问题，无论是哪种方式的物流都会出现问题，这是不可避免的。

（3）客源不稳定。网店的客源非常不稳定，时好时坏；交易要通过网络银行、支付宝等，对于不太接触这些东西的买家来说，比较麻烦。另外，还有安全问题，网络上黑客使得安全存在问题。

（4）信誉的评定。不利于新人新店的发展，信誉评定既是优点也是缺点。对于实体店来说，新店往往比老店要火，但在网店中，这是不适用的。

所以，充分掌握网店的优势并且努力去克服这些劣势，网店才能够得到较好的发展。

三、网上开店机会与挑战并存

（一）网上开店存在的机会

1. 我国网络现状

2020年4月28日，中国互联网络信息中心（以下简称"CNNIC"）发布第45次《中国互联网络发展状况统计报告》。CNNIC称，受新型冠状病毒肺炎疫情对电话调查的影响，报告数据截至2020年3月。报告显示，截至2020年3月，中国网民规模为9.04亿，互联网普及率达64.5%；手机网民规模为8.97亿，网民使用上网的比例达99.3%；农村网民规模为2.55亿，占整体的28.2%，但较2018年底增长速度仍落后于城镇网民。

2. 我国网购市场的各大环境都有很好地提高

（1）政策环境。各级政府出台了一系列的扶持性措施，包括税收优惠、就业扶持等政策措施，在规范行业运行的同时帮助网上零售业灵活健康地发展，这为国内网络购物市场发展营造了一个较为宽松的政策环境。我国网络购物的各种地方性政策法规纷纷试点，旨在扶植地方网络零售市场的发展。目前，各地相继出台相关扶植政策，在不影响网络购物市场活力的同时，纷纷探索规范经营者的制度和手段。

（2）经济环境。我国居民消费者潜在和实际的购买力双双提升；随着经济的持续快速发展，我国居民家庭人均年收入节节攀升。2019年，我国城镇居民人均可支配收入已经超过3万元。居民收入的持续增长提升了人们的潜在消费能力；与此同时，人们的实际购买力也在持续提升，居民收入和消费支出的双双增长预示着未来强劲的购买力，网络购物市场发展的基础牢固。

（3）社会环境。中国顾客信心指数是北京大学国家发展研究院编制，百分点信息科技有限公司提供支持的季度指数。该指数通过全国范围有代表性的大样本调查和大数据舆情分析，了解顾客对总体经济发展（顾客总体信心）和国家多个重要消费领域的满意程度和未来预期（顾客分类信心），进而反映和预测中国宏观经济发展和消费变化的趋势，实现跨地区、跨人口、跨时间的对比，辅助各级政府、各类企业等决策主体进行决策。其中，2020年3月的大样本调查共收回问卷12342份，有效问卷11316份。在抽样过程中，首先将31个省、自治区和直辖市分成东部、西部、南部、北部、中部5个区域，依据国家统计局和第六次人口普查的相关数据，综合各地区、性别、年龄的人口分布情况作为样本抽样数额的参考，计算出顾客总体信心指数及顾客分类信心指数。

大样本问卷调查了顾客对住房、教育、医疗保健、食品、烟酒、服装鞋帽、家居用品、日常娱乐、旅游、交通、线上购物、线下购物和环境13个领域的满意程度和未来预期。根据调查结果，结合顾客分类满意指数、分类预期指数和各个分类在顾客日常生活中所占的比重，计算出当期顾客的分类满意指数为132.16，未来一年的分类预期指数为124.69，未来5年的分类预期指数为133.94。相对来说，当期人们对线上购物最为满意，满意指数为147.75。未来一年的预期指数结果显示，顾客对环境的预期相对最积极，预期指数为137.68。最后，谈及对未来5年的展望时，顾客预期最积极的是环境，预期指数为 148.05。顾客信心指数与未来人们的消费行为有着正向的关系，人们的实际购买力在未来一段时间将加速释放，可能带来新的消费热潮，网络购物市场也将迎来新的发展机遇。

（4）技术环境。4G 带动移动支付业务，第三方支付工具不断优化；4G 技术的发展带来了移动电子商务的兴起，使手机成为更为便捷的交易终端，通过手机可以更为便利地实现随时随地购物。另外，技术的革新也为移动支付业务带来了良好的发展契机。非接触式移动支付方案的使用代表着我国的移动支付业务已经进入第三代。支付宝等主要的第三方支付工具通过发放消费券、启动信用卡大额支付、线下市场拓展等宣传积攒用户热度。同时，传统银行业也不断增加对网银业务的重视程度，如光大银行开通银商宝，促进中小企业电子商务发展等。

（二）网上开店面临的巨大挑战

（1）在面临上述机遇的同时，互联网的商务运用还存在巨大的挑战。对网络购物满意度的研究发现，物流、售后仍然是制约顾客满意度的最大因素。同时，对网络环境的不信任，也是一部分顾客不愿意选择网购的重要原因。

（2）我国国内缺乏系统化、专业化、全国性的货物配送企业，配送销售组织没有形成一套高效、完备的配送管理系统，极大地影响人们的购物热情，网络交易未纳入国家统一管理，市场运行规范性不强。

（3）作为一种新的经济形式，我国网络购物行业目前还没有纳入国家统一口径管理，还存在各种监管空缺，行业的规范性还难以和传统零售业相比。尤其是在网络交易的纠纷上，虽然有一些行业标准，但是都还没有上升到法律的高度。由于没有如同传统行业的成熟法律法规，使得对网购消费者的保护也只是网商自发的行为，市场交易环境的规范性还有待完善。

（4）网站的功能设计和配套措施是网络购物顺畅进行的基本保障，网站品牌可靠性、产品种类丰富度、电子支付安全性、送货速度、送货质量、售后服务均为购物网站的核心功能，这些方面中有任何一点做得不好，都可能会造成顾客流失。此外，网站设计美观程度、搜索便捷性、商家信用评价功能、网站安全问题、登录速度和客户服务解决效率等网站附加功能也会对用户购物产生影响。

（5）信誉度是网络购物中最突出的问题。造成信誉度问题的一个重要原因就是信息不对称，它有两方面的含义：一方面是商家不发布虚假商品、销售信息，即商家的信誉度；另一方面是顾客提交订单后不无故取消，即买家的忠诚度。

（6）网站相关建设有待提高。网络商店在网上不仅有自己商品的分类、图片展示、资料介绍、用户评论等信息，还提供商品搜索功能，这相对于网络购物的初期阶段，已经有很大的进步了，但这仍然不能满足网络购物日益发展的需要。就网店而言，更多的问题就集中在商品的供应上，缺货往往是购买者提出的主要问题。需要网络商家根据顾客对商品的搜索，分析出购买者的商品需求信息。国内有些商家已经可以通过网络商店的搜索功能了解每件商品的查询次数及购买者查询过但是店内没有的商品等信息，根据这些信息，网络购物网站的工作人员再进行商品的采购、补充，通过这种方式，达到供需双方的信息通畅，大大提高了交易的成功率。

（7）配送问题。传统购物一般是在选好货物直接付款后就可以拿走，而网络购物则需要一个订货后的等待过程。物流公司为网络购物者送货上门起到了重要作用，在目前的商品配送上，就同城配送而言，最快的一般需要1个小时，最长的则需要2天时间。如果购买者需要的东西很急，网络购物一般就不适合。另外，送货时货物丢失或损坏、快递人员态度不好、运费过高等方面也是网络购物者投诉较多的问题，物流的管理需要进一步加强。

（8）国内目前有关网络购物的政策和法规还不完善。网络交易环境下消费者对销售商的基本信息缺乏了解，一旦产生买卖纠纷，责任主体将难以确认；消费者对网络产品仅享有部分知情权，容易引发产品质量纠纷。对网络购物纠纷案件来讲，要确认诉讼管辖法院也存在一定的困难，这会影响立案及案件审判进度和效率，诉讼成本高，在证据调取上，消费者往往处于弱势地位，对网络欺诈如何适用法律问题界定不明。在这种情况下，网上商业活动要遵循传统商业的政策，对模式不同的网络购物发展造成了一定阻碍。

（9）购物者认同感的影响。从学历层次上来看，网购用户的学历水平远高于网民平均学历水平，学历越高，网上购物比例越高；从月收入水平来看，网购用户中月收入在2000元以上的比例已超过半数，高于全体网民平均水平；从对新消费方式的认同感来看，有59%的人认为网上商品无实体感，对其质量不放心，而宁愿选择自己去商场购买，这种眼见为实的购买心态以及对新事物的不信任感，多少也制约了网络购物的发展。

四、网上开店的可行性分析

（一）电子商务的出现符合自然经济规律

因为社会在发展，经济在发展，科技在发展，这就导致了高科技的出现，而电子商务不正是高科技的产物吗？它可以让高科技应用于人们的生活，使人和人之间的沟通更加频繁，使卖家的客户从一个地区延伸到全国，使买家不用为了购买某件物品而左走右转了。

随着电子商务各项技术发展越来越成熟，人们的参与意识逐渐加深，民众的消费观念与从前相比已经有了很大的改变，越来越多的人选择足不出户在网上选购自己喜欢的商品。所以说网络营销是不可阻挡的趋势。

（二）我国有非常稳定的消费群体

在许多地区，大众群体酝酿着一个巨大的消费市场，他们不仅仅是纯粹的消费群体，也在市场中分享商业价值。因此，越来越多的人开始选择以开网店的方式在工作之外增加收入。这些事实和现象说明开网店非常具有必要性、可能性。

五、网上创业应避免三大雷区
（一）眼高手低

比尔·盖茨的神话使 IT 业、高科技业成为创业者眼中的创业金矿，使得不少人不屑于从事服务业或技术含量较低的行业。其实，高科技创业项目往往需要一大笔启动资金，创业风险和压力都非常大，如果对自身经验和能力认识不足，对创业的期望值又过高，一开始就起点较高，很容易失败。因此，创业不妨放平心态，深刻了解市场和自己，然后从小做起，从实际做起，第一步走稳了再走下一步。

（二）纸上谈兵

缺乏经验是创业中普遍存在的问题，不少创业者不习惯对其产品或项目做市场调查，而是进行理想化的推断。例如，"如果有 3 亿人需要我们的产品，每件售价 100 元，我们就有 300 亿元的销售市场"，这种推断方法是站不住脚的，而且常常起着误导作用。在创业初期我们一定要做好市场调研，一些可行性研究也可委托专业机构进行，在了解市场的基础上创业，才能长久。

（三）单打独斗

在强调团队合作的今天，创业者想靠单打独斗获得成功的概率正大大降低。团队精神已成为不可或缺的创业素质。如今很多人在创业中常常自以为是、刚愎自用，这些都会影响创业的成功率。因此，对打算网上创业的人来说，强强合作，取长补短，要比单枪匹马更容易积聚创业实力。

第二节　网店定位

定位是一个舍弃的过程，如舍弃利润、舍弃买家、舍弃市场。定位是一个寻找的过程，如寻找目标市场、寻找竞争对手、寻找目标客户、寻找心智空缺。因此，定位是为了寻找目标市场及客户群体，更好地服务这部分人群，舍弃不符合消费需求的产品，快速地获取顾客并占领市场。

一、网店内容分析
（一）从电子商务行业背景分析

随着科技信息技术的日益进步以及互联网的深入发展，目前国内电子商务发展如火如荼，越来越多的企业把电子商务作为主要的贸易手段，电子商务已经成为企业之间、企业与个人之间、个人之间重要的交易方式。

据 CNNIC 第 45 次调查报告显示，截至 2020 年 3 月，我国网民规模达 9.04 亿人，较 2018 年底增长 7508 万元，互联网普及率达 64.5%，较 2018 年底提升 4.9%。未来消费的

第一章　网店规划

主流人群都将选择网络这种方式来购物。

B2C（Business to Custom）电子商务指的是企业针对个人开展的电子商务活动的总称，是我国最早产生的电子商务模式。B2C 电子商务模式分为综合类 B2C、垂直类 B2C、传统企业转型电子直销模式的 B2C 和平台型 B2C 四类。

B2C 电子商务企业要面对大数量的客户，从如何寻找客户开始，到完成客户洽谈、订货、配送、支付、开具发票等，进而将信息流、资金流和物流在电子商务应用中完整地实现，这是电子商务系统要迫切面对的事情。

1.B2C 电子商务行业特点

B2C 交易流程：客户在网上选择商品→下购买订单→商家致电客户确认订单→客户付款→商家安排发货这样一个流程。细化一下，主要包括如下步骤：

（1）客户进入电子商务企业网上商城，如果有分站点，选择进入所在地的网上商城分站。

（2）客户浏览商品，选择希望购买的商品，一般有"订购"按钮，将商品加入"购物车"。

（3）客户选择好商品，进入付款流程：①已注册用户，一般填写用户名和密码就可以结账；②未注册用户，一般需要先注册，按要求填写相关信息，确认无误后结账。

（4）当客户登陆或注册后，一般需要填写送货信息，包括送货地址、联系电话，检查无误后确认订单。

（5）订单生成后商城电子商务人员会与客户电话联系，确认客户的订单及相关信息。

（6）商家安排发货。在付款方式上，各企业有比较大的差异，有的是商品送到，客户验收后付款；有的是客户下单后，通过支付宝或者其他渠道付款，商家确认收到货款后安排发货。在发货方式上，有的是商家安排快递或专人送货上门，有的是客户到指定网点提取，不同的方式一般会涉及不同的费用。另外，客户在网上提交订单后，商家一般都会通过电话与客户联系，确认订单信息和送货地址。

从 B2C 电子商务的购物流程来看，基本上任何一笔交易都离不开电话的沟通和确认，即使客户在网上提交了订单，商家也会通过拨打客户留下的电话来确认所购物品、发货时间、发货地址等各种信息。所以电子商务对于呼叫中心有着不可或缺的依赖。

2.B2C 电子商务行业需求

从 B2C 电子商务应用来看，通过网站接触客户和呼叫中心接触客户这两种渠道都是存在的，二者既有区别，又相辅相成，在具体实现上有如下形式：

（1）客户可以通过呼叫中心、网站分别下订单，并且由电话及网络所产生的订单可以进行统一管理，统一全程跟踪。

（2）客户通过网站下订单，同时通过呼叫中心电话完成咨询及售后的服务，包括投诉建议、售后服务、报修和理赔等都由呼叫中心承担。

（3）企业通过电视、平面、短信、微信等广告模式进行市场宣传，客户通过呼叫中心电话呼入下订单，实现销售过程。

9

（4）通过电话呼出、短信、微信进行市场调查、宣传和销售。市场调查是市场营销的整个领域中的一个重要元素。它把企业、客户和营销者通过信息联系起来，通过电话以及其他途经（短信）与客户建立起信任关系，并在建立关系的过程中，了解、发掘并满足客户的需求；可针对特定客户，开展有针对性的电话销售。

什么是电子商务

淘宝是电子商务的一种形式，那么什么是电子商务呢？电子商务是指交易当事人或参与人利用计算机技术和网络技术（主要是互联网）等现代信息技术所进行的各类商务活动，包括货物贸易、服务贸易和知识产权贸易。

按运作模式来划分，电子商务可以大致分为以下6种类型：

（1）企业与消费者之间的电子商务，即B2C（Business to Customer）。

（2）企业与企业之间的电子商务，即B2B（Business to Business）。

（3）消费者与消费者之间的电子商务，即C2C（Customer to Customer）。

（4）企业与政府方面的电子商务，即B2G（Business to Government）。

（5）消费者对企业的电子商务，即C2B（Customer to Business）。

（6）线上与线下的电子商务，即O2O（Online to Offline）。

值得一提的是，近几年由于智能手机的普及以及手机应用的便捷性，手机电子商务在非常短的时间内迅速崛起。手机电子商务是指在手机上实现电子商务功能，如用手机进行网上购物、网上支付、收发 E-mail 等与商务有关的活动。根据艾瑞发布的报告指出，移动电商已超越移动增值业务，占国内移动互联网规模的42%，成为国内移动互联网最大细分行业。现在几乎所有人都认可移动电商的发展前景。我国手机电子商务发展速度将加快，在移动互联网整体市场规模中占比将继续增大。手机广告市场规模将进一步扩大，手机应用程序广告将成为其主要组成部分。手机电子商务具有不可比拟的特性，如普遍性、方便性。随着 iPhone、Android 智能手机的普及，移动电子商务市场规模巨大，用手机购物已经成为一种时尚，早上搭地铁时下好订单，晚上到家就可能收到了。由于可以随时随地购买，消费者越来越依赖手机购物。

（二）从淘宝零售分析

1. 传统零售行业与淘宝店铺优劣对比

（1）传统零售行业。

销售模式单一，店铺的人员配备取决于店铺的销量和销售额。店铺的销量与销售额又取决于店铺的地理位置、店铺的品牌及销售人群、店铺的推广方式（如发传单、广告牌指引等）。

（2）淘宝店铺销售。

淘宝店铺销售模式多元化，但是万变不离其宗（都需要钱）。淘宝店铺同传统零售一样，都是在销量和销售额的前提下决定人员配备。主要的重点只有货源和推广方式。对于货源，各人有各人的渠道。但是推广方式，就不多了。一般来说，最快也是最有效的方式莫过于直通车（其中一些技巧搭配店铺一些VIP活动设置等），最主要的是数据分析，但这个快速带来的花费也不低，小企业和一些中型企业根本负担不起。其他推广方式还有淘客、淘宝活动、钻展、站外推广等。

2. 传统零售与淘宝销售差异对比

（1）客户来源对比。

传统零售的客户来源，以地点的不同覆盖的区域大小不同。但最多不大于市、县这些地方覆盖的人群。淘宝店铺的客户量基本覆盖了全国各个地区，不受地区限制。

（2）客户量对比。

传统零售的客户量基本维持在一个平衡点，以推广的方式的差异，效果或多或少。但对于总体的客户量基本不会出现太大的销售变化，不管是新店还是老店。淘宝店铺新开时基本没什么客户，开得久了也不一定会有人。这些都取决于你的价格和品牌推广方式等，做活动时流量会高，但是不做活动时流量就相对低些。季度产品销售差异明显，基本就是不花钱来不了客户。

（3）销售价格对比。

传统行业销售价格，根据自己的品牌以及产品质量定价。可能以适当地进行所谓的促销，但品牌价格对比几乎为零，不需要对比价格！卖的是品质以及服务态度。淘宝销售价格，不仅要看传统店铺的价格，而且要看淘宝店铺同品牌的销售价格。

（4）店铺基本花费对比。

①租金。实体店基本上是仓库与店铺连体，租金根据地点的不同价格也不一样。好点的店铺租金基本在几万甚至几十万以上。淘宝店铺，网店工作人员可与仓库分开，但是同样需要租金，相对而言租金较少。

②人员工资。实体店一般需要几个营业员，最多不会超过30人。网店销售根据店铺的需求人数不一样，但是一般店铺包括打包、发货、客服、运营，最少也要20人。

③推广花费。实体店只需发一些传单，或者在好的位置买一块广告指引牌，根据时段选择推广。推广花费普遍在1万~2万元，最多不超过5万元。淘宝店铺推广一般大店铺直通车花费在5万~10万元，钻展根据不同店铺的需求开的也不一样，淘客佣金也要几万元，花费大于实体店很多。

④销售额。实体店根据地理位置的不同，基本月销额在几十万元到几百万元不等。淘宝大店铺月销量基本在几十万元到几千万元不等，基本大于实体店销售额！

（5）综合对比。

实体店毛利大，虽然租金较贵，但是推广简单，费用较少，人员开销也较小，客户比较性较少，利润空间较大。淘宝店铺，租金较少，但是推广费用较高，人员开销大，比较性大，毛利少，利润空间少，资金流动性较差，利润空间透明度低，利润低。

二、网店定位的五大方式

在考虑卖什么的时候，一定要根据自己的兴趣和能力而定，尽量避免涉足不熟悉、不擅长的领域；同时，要确定目标顾客，从他们的需求出发选择商品。目前主流网民有两大特征：一是年轻化，以玩游戏为上网的主要目的，学生群体占据此类网民相当大的比重；二是上班族，代表了主流网民的一大基本特征——白领或者准白领。了解了主流网民的基本特征，就可以根据自己的资源、条件甚至是爱好来确定是撒下大网、打主流，还是剑走偏锋、独辟蹊径。特色网店到哪里都是受欢迎的，如果能寻找到既切合时尚又独特的商品，如自制饰品、玩具DIY、服饰定做等商品或服务，将是网店的最佳选择。

网店定位有以下五大方式。

（一）价格牌

以价格为出击点进行定位，通过价格来打动、吸引顾客，这类网店的策略通常是采用平价政策，如九元店、两元店、十元店或者量贩店等。图1-1所示为平价策略店。

图1-1 平价策略店

打价格牌还有一种策略是以低价拉动高价（图1-2）：一个读卡器只要8.9元，这是为了吸引更多的眼球，实际上卖家的目的是要卖店内的U盘。事实也证明，这个价格策略是对的。

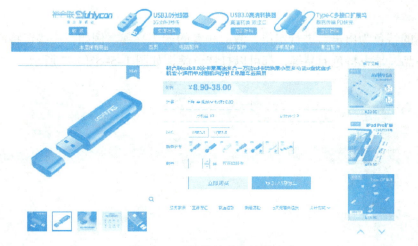

图 1-2 以低价拉动高价策略店

(二)专业牌

以优质专业的服务为出击点进行定位,通过自己的专业和耐心来留住顾客,这类店铺的策略通常是通过网店页面充分展示其专业性。

打专业牌的网店,当然要对某一方面或某个产品有专业的了解。图 1-3、图 1-4 所示为蜂产品专卖及岚姐姐的钻石专卖。个人也可以根据自己的专业特长,把它作为商品放在网上卖,如网页做得特别好,或者有一门特别的手艺,或者拍照拍得很好等,而且因为专业,将会赢得更多顾客的信赖。

图 1-3 蜂产品专卖店

图 1-4 岚姐姐的钻石专卖店

(三)特色牌

以商品的特色为出击点进行定位,激起顾客的购买兴趣。例如,一些奇特商品、线下买不到的商品、地方特色商品等,都可以打特色牌,如图1-5~图1-7所示。

图1-5 特色牌策略(1)

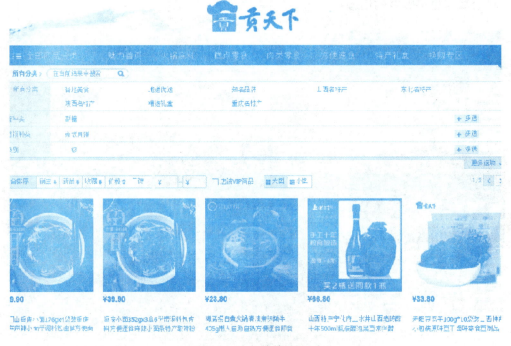

图1-6 特色牌策略(2)

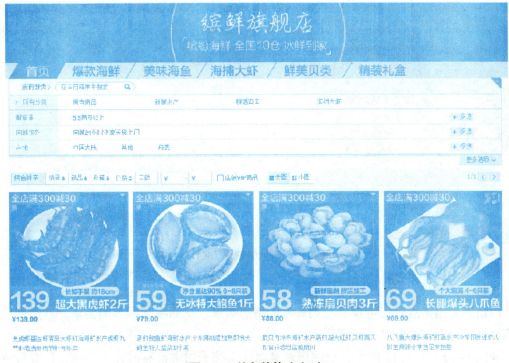

图1-7 特色牌策略（3）

（四）附加牌

通过提供商品以外的服务来打动顾客的定位，这类网店的策略通常是通过提供服务或附加商品来提高商品的价值，或者是通过强调品牌服务来提高商品的价值。如图1-8所示的网店就是通过"买一箱送一箱"来打动顾客的。

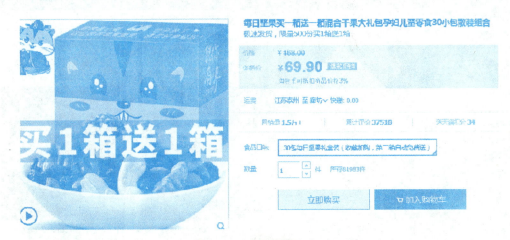

图1-8 附加牌策略（1）

通过产品相关搭配获得更高的商品价值，如图1-9所示。

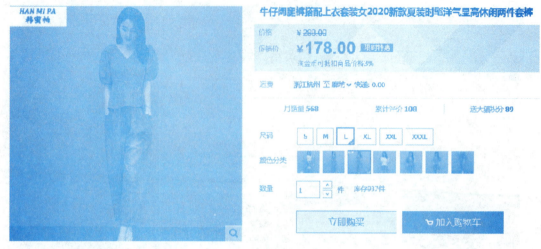

图 1-9 附加牌策略（2）

（五）情感牌

以情感为出击点进行定位，挖掘顾客的情感需求，从而激起顾客的需求，这类网店的策略就是尽可能挖掘商品的情感价值。

如图 1-10、图 1-11 所示，该网店就是抓住女孩子通常都有的公主情结，打着粉色系主调，营造公主系的气氛，让女孩子一看就不由自主地爱上这些产品。

图 1-10 情感牌策略（1）

第一章　网店规划

图1-11　情感牌策略（2）

对于刚刚开店、正处于萌芽时期的网店来说，其尚未被顾客熟知。卖家可在供应商那里提少量的货，并且定价可以定得比同类网店低一些，少量获利，把主要精力放在提高网店的知名度及信誉上。在上述对网店定位的五大方式中，先要从产品的价格定位考虑，主要采用成本定价、市场定价和心理定价等方法。

图1-12所示的网店则是打着鲜花所具有的情感价值来打动顾客。

图1-12　情感牌策略（3）

第三节　网店货源的选择

一、选择适合网店销售的产品

从理论上来说，只要是能卖的商品都可以在网上销售。但是对于刚开始在网上创业的

17

企业或个人来说，选择合适的商品，将是一个良好的开端。而选择适宜在网上销售的商品时，可以参考以下因素：

（1）体积较小的商品。这类商品主要是方便运输，降低运输的成本。对于体积较大、较重而价格又偏低的商品，因为在邮寄时商品的物流费用较高，如果将这笔费用分摊给买家，势必会降低买家的购买欲望。

（2）附加值较高的商品。价值低过运费的单件商品是不适合在网上销售的。要做价格相对稳定的产品，不要做相对短时间内价格不稳定的产品，初期开店的卖家承担不了这个风险。

（3）具备独特性或时尚性的商品。网店销售量不错的商品往往都是独具特色或者十分时尚的。

（4）通过网页展示商品就可以激起浏览者购买欲的商品。如果商品必须由买家亲自看到才能取得购买所需要的信任，那么该商品就不适合在网上店铺销售。如果有品牌商品进货渠道的可以考虑做品牌商品，因为这类商品的知名度较高，买家即便看不到实物，也知道商品的品质。

（5）线下没有，只有网上才能买到的商品。有些东西在线下买不到或者很难买到，那么没有需求的人就会上网搜索去买。这类商品一般都属于稀缺产品，如市场范围较窄的产品、企业没有能力在全国建立营销渠道的产品以及用传统渠道做不好的产品。

（6）虚拟商品。虚拟商品（如充值卡、游戏币、游戏装备、点子、建议、信息等）一般可以通过网上直接发货，省掉了传统物流的交换流程。

二、寻找合适的货源

在确定了卖什么以及店铺的定位之后，就要开始寻找货源了。网上开店之所以有空间，成本较低是一个重要因素。掌握了物美价廉的货源，就掌握了电子商务经营的关键。以服饰类商品为例，一些知名品牌均为全国统一定价，在一般实体店最低只能打八五折，而在网上，服饰类商品的价格折扣可为 2~7 折。

那么，通过何种渠道才能找到价格低廉的货源呢？

（一）普通批发市场

各地像这样的市场不少，如广州流花服装批发市场、义乌小商品城等。在这些地方寻找货源是最简单的方法。在开设网店的最初阶段，如果商品的销售量达不到一定量的话，在本地市场进货，一般就能满足需求了。

优点：更新快，品种多。

缺点：容易断货，品质不易控制。

（二）品牌代理商

正规品牌的特点就是质量有保障，所以有机会可以关注并联系正规专卖店，肯定会有很多发现。相对来说，直接联系品牌经销商，需要更大的进货量。越是大品牌，它的价格折扣就越高,真正赚的钱只是在完成销售额后拿的返利。如果店铺已经发展到一定程度,想走正规化路线,这将是一个不错的选择!

优点:货源稳定,渠道正规,商品不易断货。

缺点:更新慢,价格相对较高。

(三)网上批发或代销式供应商

这是时下网上非常流行的一种商品供应方式。对于新卖家来说,这种方式是个不错的选择,因为所有的商品资料都是齐全的,关键看卖家如何把商品卖出去。当选择商家的时候,一定要注意商家的信用和商品质量,否则遇到纠纷就不好解决了。这种供应商可以做少量批发,也可以做一件代发。现在网上的这种供应商很多,可以在淘宝网上寻找,也可以上阿里巴巴网(http://china.alibaba.com),或者上其他一些网店货源批发或代销网站寻找。淘宝上一些卖家在对商品零售的同时,也有做批发或网店代销的,只要在淘宝上搜索一下"网店代销"就能找到。

优点:简单省事,连发货都不用自己操作,坐收佣金;风险低,资金投入最低。

缺点:商品不经过自己把关,品质难以控制;可能由于对商品了解不够,与顾客沟通起来比较麻烦,操作不好会得中评或差评。

在淘宝网上搜索"网店代销"的结果如图1-13所示。

图1-13 在淘宝网搜索网店代销的结果

（四）通过各种展会、交易会

全国每年每个行业都会召开各种展会（如服装展、农博会等），这些展会所聚集的观众大部分都是厂商。因此，当生意已经有所起色，而苦于货源不够好的时候，参加相关产品的展会，接触真正的一手货源，大胆地和厂商真正建立合作，将有利于长远发展。各种行业的展会，都会在相应的电子商务报公告召开日期。参加这种展会有个小窍门，就是要以专业人士的身份参加，带好名片和身份证，让厂商感觉你是专业人士，在这种情况下洽谈生意也比较容易。

优点：成本低，竞争力强，商品质量稳定，售后服务有保障。

缺点：一般不能代销，需要有一定的经营和选货经验，资金投入大，风险较大。

（五）关注外贸产品或 OEM 产品

外贸产品或 OEM（定牌生产和贴牌生产）产品的价格通常为正常价格的 2~4 折，关注这些产品将是一个非常不错的进货渠道。外贸产品因其质量、款式、面料、价格等优势，一直是网上销售的热门品种。很多在国外售价几百美元的名牌商品，网上的售价却仅有几百元人民币。

优点：成本低，价格便宜。

缺点：进货渠道不确定。

（六）买入库存积压或清仓处理产品

因为这类商品急于被处理，价格通常是极低的，如果拥有足够的议价能力，可以用一个极低的价格买入，再转到网上销售，利用网上销售的优势以及地域或时间差来获得足够的利润。

优点：成本低。

缺点：具有很多的不确定因素，如进货的时间、地点、规格、数量、质量等都不受自己控制。

（七）寻找特别的进货渠道

例如，拥有在国外的亲戚或朋友，可以让由他们帮忙，买到一些国内市场上看不到的商品或者一些价格较低的商品。

优点：成本低，价格便宜。

缺点：商品质量没保证，售后服务没保证。

其实货源就在身边，只要是有心人，就会很快找到适合自己的好货源。找到货源后，可先购买少量的货试卖，如果销量好再考虑增大进货量。在网上，有些卖家和供货商关系很好，往往是商品卖出后才去进货，这样既不会占用资金又不会造成商品的积压。

总之，不管是通过何种渠道寻找货源，优质的品质、低廉的价格是关键因素。找到了物美价廉的货源，网上店铺就有了成功的基础。

本章主要介绍了网店规划，分析了网店的市场、定位以及货源的选择。

1. 什么是网店？
2. 网店有哪些优势和劣势？
3. 分析网店的定位。

拓展阅读

感受"爆款"的诱惑

"爆款"是指在销售过程中，形成供不应求、销售量异常高的商品，即我们通常所说的卖得很多、人气很高的商品。许多刚入行的新手卖家会好高骛远，刚开始做淘宝网店，就想着如何打造"爆款"。其实只要卖家脚踏实地，一步一步地按照淘宝规则来运营，就有机会打造出属于自己的"爆款"。

我们可以通过分析一个真实买家的购物流程来寻找出"爆款"背后隐藏的规律。在网购时，买家完成一笔交易一般会经历以下5个阶段：

（1）搜索。买家通过搜索关键词来寻找自己感兴趣的商品。

（2）评估。买家会对收集到的信息货比三家，评估该产品是否能够满足自己的需求。

（3）决定。买家考虑该产品所带来的利益和需要为之花费的成本，判断是否购买，也就是我们平时所说的"性价比"。

（4）购买。买家完成交易行为。

（5）评价。买家在使用产品后根据使用体验进行再次评估，评估结果影响着下一次的消费行为。

大多数消费者都有一种"从众心理"，也就是俗称的"随大流"。在网络购买的情况下，买家无法真实地接触商品，只能通过网店的宝贝描述来了解商品的特性。在这种情况下，买家会非常容易缺乏安全感，仅仅通过图片的展示，买家很难判定商品的优劣。在这时，相比于卖家的"王婆卖瓜"，买家往往更加倾向于去听取第三方的意见，因为买家普遍地认为，之前购买并使用过该商品的人们的评价是最为中肯也最为客观的。因此，买家趋向于购买销售量高、评价高的商品。因而一个"爆款"的形成主要就是由于消费者的"从众心理"，有了一定的"爆款"雏形以后，再进行有计划、有策略的推广，就能够大幅度地提升店铺流量和转化率。

在做好"打爆"的前期准备以后,卖家可以选择适当的营销推广工具、硬广等来吸引更多的流量,同时也可以检验自己挑选的爆款商品是否被消费者接受。之后是进入爆款的4个时期:

(1)导入期。导入期是指商品刚上架的时期,也是很重要的一个时期,并不需要很大的投入来刺激流量,只需保持基本的流量即可。这个阶段是用以检验此商品是否能被消费者接受,是否可以用来做"爆款"商品的时期。如果在这个时期的转化率高,则代表在接下来引入大流量时,此商品的销售转化将非常好,适合打造"爆款"。

(2)成长期。在这个时期,卖家可以加大对此商品的推广力度,增加在营销工具上的投入,同时还要保持观察此商品是否值得巨大的投入。这个阶段是商品流量和成交量增长最快的时期,可以采用性价比高、见效快的营销推广方式,如直通车、淘宝客。商品能否成为"爆款",就取决于卖家在成长期的操作。

(3)成熟期。当商品在成长期中获得大成交量之后,淘宝系统将会自动判定这是热销宝贝,同时我们的运营小二也会注意到此商品。在这个环境里,卖家应该使自己的推广力度和投入达到顶峰,在加大流量推送时,也要留意一些活动,尽可能参加淘宝组织的一些活动,引入更多额外流量,同时促进关联销售。

(4)衰退期。在大势期接近尾声的时候,"爆款"商品的成交量已经开始逐渐下降,在推广力度和投入稳定的情况下,流量也开始下滑,这就证明这款商品已经过时,进入衰退期。这时应该减少在此商品上的推广投入,开始想办法做关联销售,让顾客充分了解自己的店铺,留住回头客。同时,要开始致力于挖掘新的有潜质的"爆款"商品。

第二章 网上店铺的创建

【知识目标】
1. 了解淘宝店铺申请及开通流程。
2. 了解淘宝店铺的装修、布局原则及流程。
3. 了解淘宝交易过程及相关辅助软件的应用。

【技能目标】
1. 能够开通并装修一家淘宝店铺。
2. 能够使用淘宝助理软件。

【知识导图】

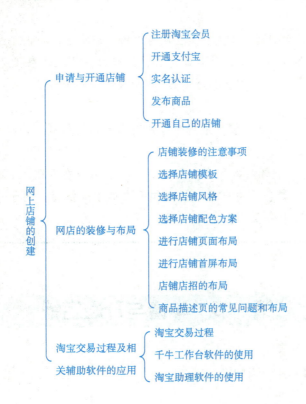

店铺运营

> **案例导入**
>
> ### 80后女孩的网络逆袭
>
> 小兰，1982年8月出生，其父母都是地地道道的农民。在她上学的时候，她的学习成绩并不好，中考的考试成绩也很不理想，后来上了一所普通的中专。
>
> 两年半之后，小兰从当地一所院校毕业，学校为她联系的工作是在北京的一家大型公司做文员。
>
> 小兰进入公司之后，对待工作特别认真，她每天很用心地工作。一年过后，因为小兰积极的工作态度，倍受公司领导的青睐，直接升她为公司总经理助理，工资与之前相比，也翻了一倍。
>
> 几个月之后，小兰感觉在这里实现不了自己的人生梦想，于是她一边上班，一边寻找创业的机会。
>
> 2008年，小兰毅然从公司辞职，离开北京，回到了家乡，开始在淘宝网上开店。
>
> 小兰在淘宝网创业两年之后，她每个月都有几千元的收入。5年后，她通过开设天猫店，达到了月收入过万元。
>
> 2018年，小兰通过网上开店的年收入达到了百万元，而且她的下一个奋斗目标是年收入两百万元。
>
> 如今的小兰，已为人妻、为人母，但她的市场遍布全国。除此之外，通过网上创业，她实现了自己人生的美好愿望，并且通过自己的努力，已在北京买房。
>
> 这就是小兰，一名只有中专学历的80后女孩通过网上开店创业成功的故事。
>
> **案例分析：**
>
> （1）互联网上的网店众多，最好想办法突出自己的店铺，让消费者可以方便地搜索到。
>
> （2）互联网是一个开放的平台，网店卖家也经常会在互联网上举办一些经验交流会，卖家多参加此类聚会，将自己的疑问和困难提出来探讨，对于第一次尝试网店经营的"菜鸟"们来说十分重要。

第一节　申请与开通店铺

下面以在淘宝网上开店为例进行讲解。

一、注册淘宝会员

在开店之前,应该先成为淘宝网的注册会员。下面是注册淘宝网会员的操作方法。

(1)在浏览器地址栏中输入淘宝网的地址(http://www.taobao.com),登录淘宝网并进入首页。在淘宝首页的左上方,单击"免费注册"的文字超链接,进入注册页面,如图2-1所示。

图2-1 淘宝网首页

(2)目前淘宝开通了两种注册方式:手机号码注册和邮箱注册。选择其中一种即可,如图2-2所示。

图2-2 注册淘宝网会员

本书为了简便操作,选择手机号码注册方式。单击"点击进入"按钮,进入填写会员信息的页面,如图2-3所示。

(3)先查看最下方淘宝网和支付宝的用户协议,在接受其协议的前提下,将自己注册的相应信息输入完毕后,单击"同意以下协议,提交注册"按钮。淘宝网会进入验证页面。对于注册者来说,注册时的密码一定不能忘记。此外,在申请时,输入的密码要复杂一些,如包含数字、字母以及一些特殊字符,这样不容易被不法之徒破解。

(4)淘宝网会通过短信的形式向注册的手机号码发送一条短消息,里面包含了进一步注册的验证码,将这个验证码输入注册的下一个验证页面即可,如图2-4所示。

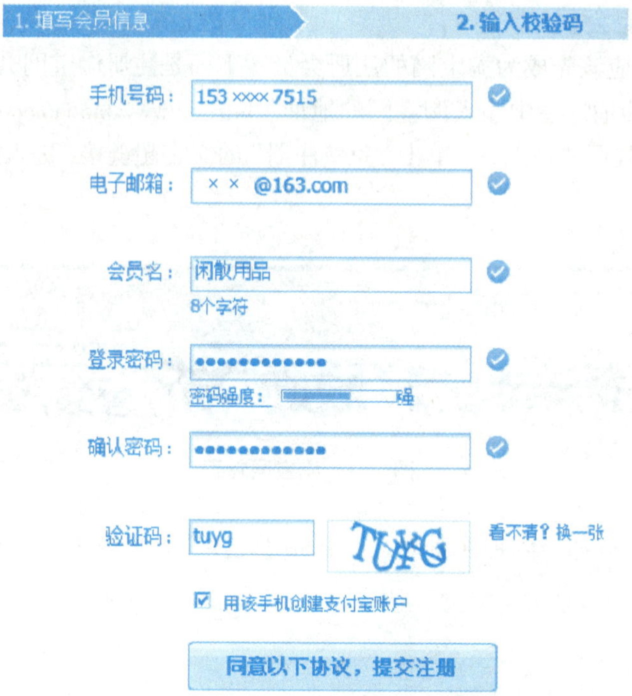

图2-3 以手机方式注册淘宝会员

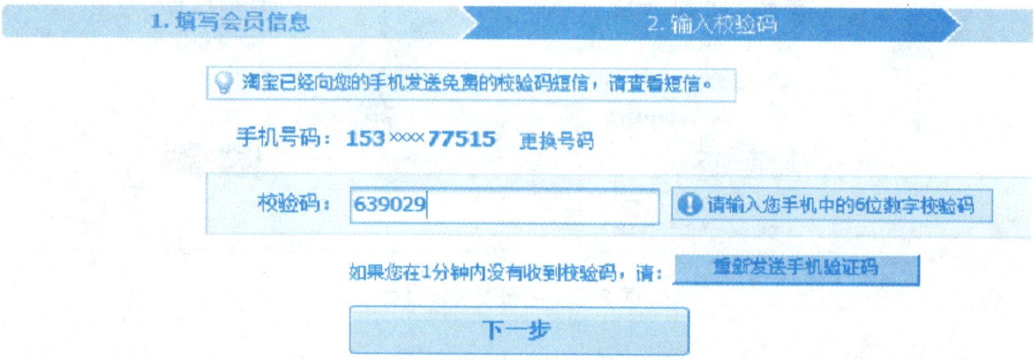

图2-4 输入手机验证码

（5）输入手机中接收到的验证码后，单击"下一步"按钮，提示注册成功，如图2-5所示。

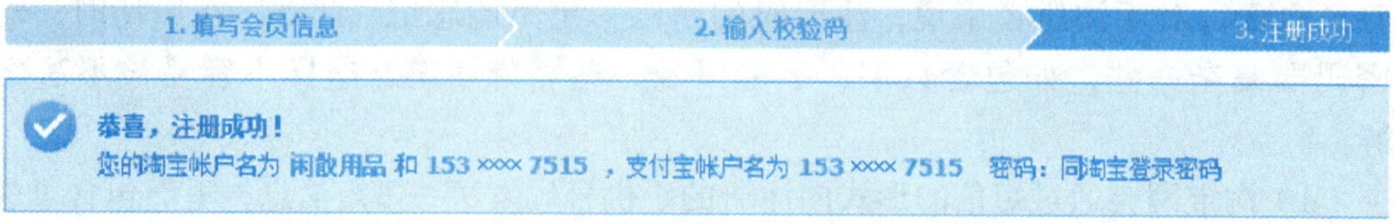

图2-5 淘宝会员注册成功

通过手机注册方式成功后，登录淘宝网时会员名可以输入注册时的手机号，也可以使用淘宝账户名。作为注册者，一定不要忘记注册时的密码。采用手机注册，淘宝网会自动为该会员创建支付宝的账户名（手机号码），登录密码是淘宝网登录的密码。

综上所述，已经成功注册为淘宝网的会员。但由于支付宝尚未激活，还需要进一步开通支付宝。

二、开通支付宝

支付宝是淘宝网的支付工具。那么，什么是支付宝呢？在支付宝的网站上，是这样定义支付宝的："支付宝（中国）网络技术有限公司是国内领先的独立第三方支付平台，由阿里巴巴集团创办。"支付宝其实就是一个独立的电子账户，我们可以通过网上银行将自己借记卡中的钱存储到这个账户中（这个操作在支付宝中称为充值），在交易的过程中，可以将自己支付宝账户中的钱转到对方的支付宝账号中（**注意**：这个"转"的过程是暂时的，只有当买家收货确认后，这笔钱才真正支付给卖家）。有人可能会问道："如果买家收到货不确认怎么办？"按照淘宝网的规定，确认收货是有时间限制的，一般平邮的有效时间是30天，快递是9天，即根据运货方式，当到了最后有效时间后，买家没有提出退款的要求时，这笔钱就会自动地打入卖家的账号里，买家不能再索回。有人又会问："如果买家收到货还要求退款怎么办？"这个就属于交易纠纷了。网络上有淘宝网的交易纠纷处理规则，双方如果出现纠纷的话，可以申请淘宝的客服介入，最终按相关规则处理。

有人可能会问："我不使用支付宝行不行？"淘宝网是强烈推荐使用支付宝支付的，这样可以防止发生拿货不给钱或拿钱不发货的欺诈行为。因为选择支付宝方式付款，就意味着受支付宝交易纠纷处理规则的约束，所以淘宝网规定每个卖家上架的商品都必须要支持支付宝，否则将会处理卖家。如果客户不使用支付宝支付，那就只能采用银行转账、邮局汇款等方式，其购物的安全性就要大打折扣了。当然，如果是同城直接见面交易也可以避免欺诈行为。但只要是不使用支付宝的方式交易，淘宝就不会做出担保，一旦出现问题，维权就会很困难。

前面提到了在用户申请成为淘宝的会员时，支付宝账号就相应地创建好了。前面也介绍过，淘宝网有手机注册和邮箱注册两种，在示例中采用的是手机号码注册方式，其支付宝账号就是手机号码。如果采用邮箱注册方式，那么支付宝的账号则是注册的邮箱名称。

虽然此时支付宝账号已经创建好了，但还没有开通（激活），暂时还不能使用。下面我们将介绍如何激活支付宝。

（1）使用刚才创建的淘宝会员名或手机号登录淘宝网，进入个人的淘宝首页（如果不是这个页面的话，可以单击淘宝网右侧上方的"我的淘宝"链接）。

单击支付宝账户上的"账户管理"，如图2-6所示。

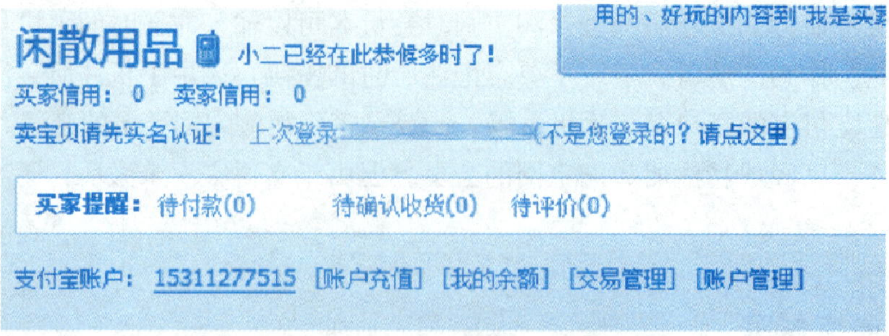

图2-6 淘宝会员个人首页提示

（2）进入页面（图2-7），请注意状态未激活，单击"点此激活"链接。

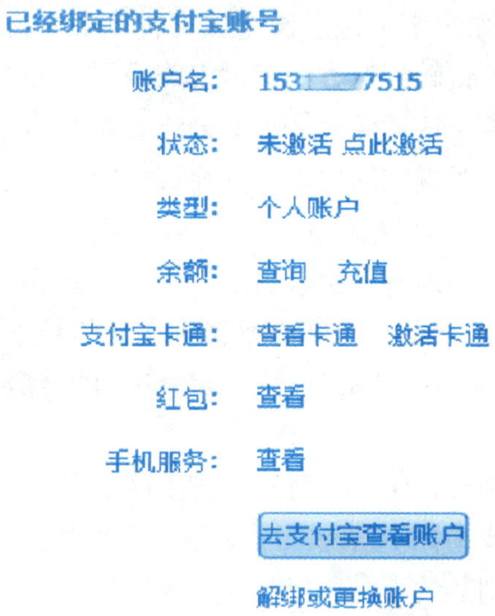

图2-7 激活支付宝的操作

（3）此时支付宝启动激活向导。第一步先输入注册用的手机号码，如图2-8所示。

（4）单击"提交"按钮后，支付宝会向注册手机发送一条包含激活码的短消息，将发送的验证码输入出现的页面中。

（5）单击"下一步"按钮，进入支付宝相关密码设定页面，如图2-9所示。

在此页面中需要输入支付宝的登录密码和支付密码。登录密码就是我们今后在登录支付宝时需要输入的密码，支付密码则是在付款和确认收货时的密码。

注意： 这两个密码一定要设成不同的，这样可以提高安全性。

（6）单击"提交"按钮，进入补全支付宝账户信息页面中，如图2-10所示。

注意： 准备开店的卖家在这里一定要如实地填写自己的真实姓名和有效身份证号码。因为淘宝开店是实名制的，如果填写的不是真实的有效信息，将来开店后管理店铺将会出现很多意想不到的麻烦。

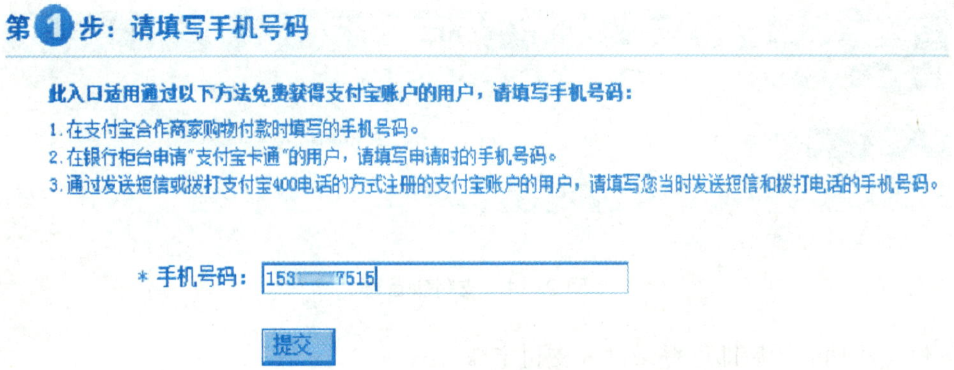

第二章　网上店铺的创建

第❶步：请填写手机号码

此入口适用通过以下方法免费获得支付宝账户的用户，请填写手机号码：
1. 在支付宝合作商家购物付款时填写的手机号码。
2. 在银行柜台申请"支付宝卡通"的用户，请填写申请时的手机号码。
3. 通过发送短信或拨打支付宝400电话的方式注册的支付宝账户的用户，请填写您当时发送短信和拨打电话的手机号码。

＊手机号码：153████7515

提交

图 2-8　激活支付宝，填写手机号码

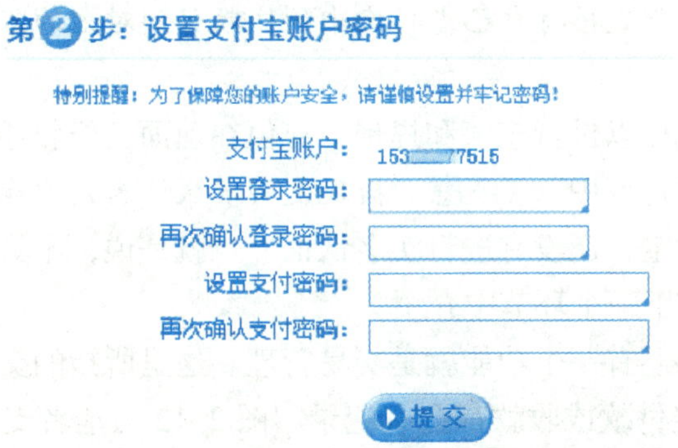

第❷步：设置支付宝账户密码

特别提醒：为了保障您的账户安全，请谨慎设置并牢记密码！

支付宝账户：153████7515
设置登录密码：
再次确认登录密码：
设置支付密码：
再次确认支付密码：

提交

图 2-9　激活支付宝，设置账户密码

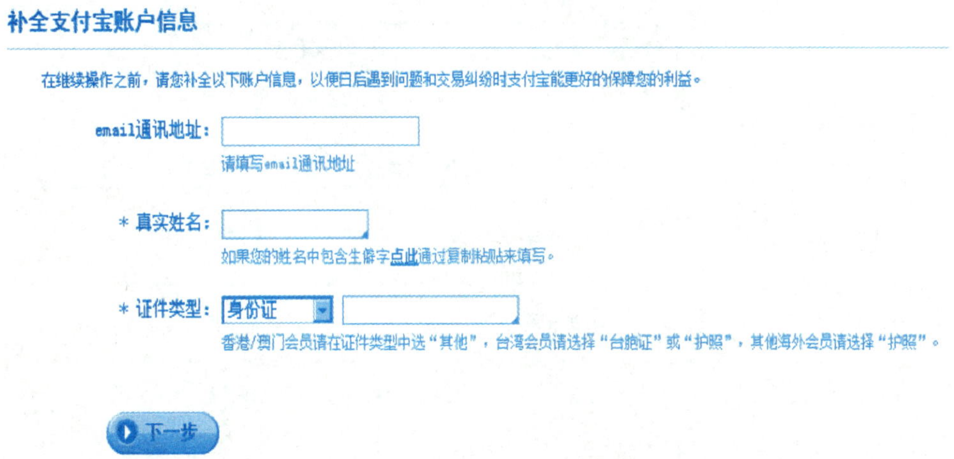

补全支付宝账户信息

在继续操作之前，请您补全以下账户信息，以便日后遇到问题和交易纠纷时支付宝能更好的保障您的利益。

email通讯地址：
请填写email通讯地址

＊真实姓名：
如果您的姓名中包含生僻字点此通过复制粘贴来填写。

＊证件类型：身份证 ▼
香港/澳门会员请在证件类型中选"其他"，台湾会员选择"台胞证"或"护照"，其他海外会员请选择"护照"。

下一步

图 2-10　补全支付宝账户信息

（7）输入信息并核对无误后，单击"下一步"按钮，系统会显示成功激活的提醒页面，如图 2-11 所示。

图 2-11 支付宝首页

支付宝成功激活后即可登录进入支付宝账号。

在支付宝管理页面中,我们可以将钱款直接转到对方的支付宝账号中("我要付款"功能)。

注意:这里的付款是直接将自己支付宝中的钱款付到对方的账号中,而不是像淘宝交易中那样收货后再确认。

在支付中,我们也可以进行充值和提现。充值在前面已经叙述过,提现则是将支付宝中的余额转到自己的银行卡中。(**注意**:提现是实名认证客户才能使用的功能。)目前我们只是申请开通了支付宝,还没有进行实名认证。也就是说,不具备提现的功能。如何进行实名认证,我们会在下一个环节中介绍。

此外,在支付宝中还有一个功能就是交易管理。这里所指的交易包括买和卖的所有行为,只要是通过支付宝付款或收款都会有记录。图 2-12 为笔者支付宝账号中的交易管理部分的信息。

图 2-12 支付宝的消费记录

实际上,淘宝网和支付宝是两个不同的公司,但都是由阿里巴巴公司创建。在淘宝的交易中,采用的支付方式是支付宝,所以,在支付宝中进行操作并不完全等同于在淘宝中操作,但是,要在淘宝中开店,必须是实名制。实名制的认证办法,就是实名支付宝账号。因为支付宝账号是和淘宝网关联好的(淘宝网中称为绑定),这一点使用者一定要注意。

三、实名认证

作为想开店的会员,必须实名认证后才能开店。如何进行实名认证呢?具体操作方法如下:

(1)重新以会员身份登录淘宝网,单击"我的淘宝"链接,进入会员的首页,单击"实名认证"链接。

注意:会员信息下面"卖宝贝请先实名认证"的提示。

(2)系统进入实名认证向导页面。此时我们会发现,实名认证的是支付宝,而不是淘宝会员,如图2-13所示。

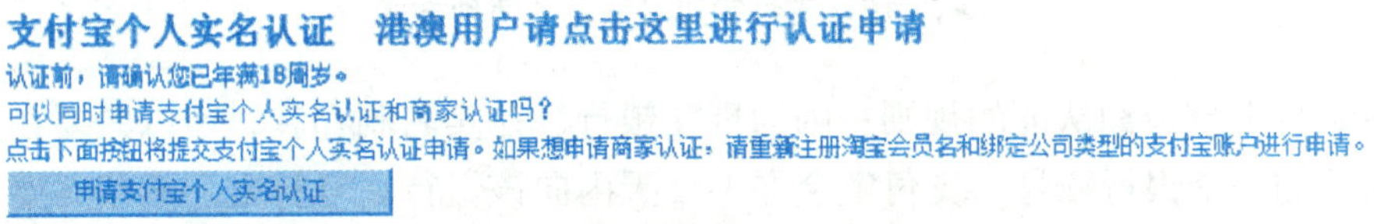

图 2-13　申请支付宝个人实名认证

这里讲的开店多是个人,一般只要申请支付宝个人实名认证即可。想要进行商家认证的会员,必须要有工商营业执照。

单击"申请支付宝个人实名认证"按钮,进入下一步。

(3)签署实名认证的协议。我国公民必须要年满18周岁才能实名认证。选择同意其协议后,单击"立即申请"按钮,如图2-14所示。

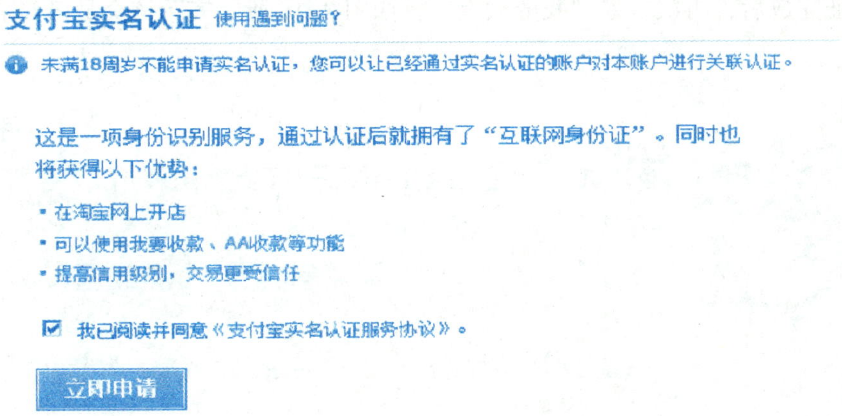

图 2-14　申请支付宝实名认证协议

实名认证有两种认证方式：一种方式是通过银行汇款余额进行认证，另一种方式是申请支付宝卡通，如图2-15所示。

图2-15　支付宝实名认证的两种方式

通过银行汇款余额认证的规则：因为现在银行都是实名制存款，所以只要在实名认证时提供自己的一个银行账号，支付宝会在1~2天内向该银行账号打入一笔钱并要求会员输入这笔钱的具体数额，当申请者查询到这笔钱时向认证系统输入具体的数额，输入的数额正确时，就表明申请者的身份是对的，实名认证也就完成了。

申请支付宝卡通进行认证的规则：到与支付宝合作的银行（如工行、建行等）申请办理一张专门的银行借记卡，这种借记卡比较特殊，称为支付宝卡通。这是由于在填写开卡的信息时，需要填写支付宝账号。当这张借记卡开通后，支付宝公司同时会更新支付宝的数据库，相应的淘宝会员自然得到了实名认证。无论哪种方式，申请者均要提供个人的真实姓名和有效证件号码。具体过程不再详细介绍，只要按照向导的提示操作就可以了。当实名认证完成后，再次登录"我的淘宝"，如图2-16所示表示该会员已经通过实名认证了。

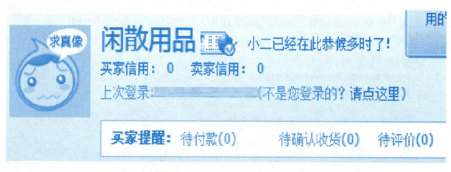

图2-16　实名认证完成后的淘宝网个人首页界面

四、发布商品

进行实名认证后就可以在淘宝上开店了。

（1）登录淘宝，进入我的淘宝首页，如图 2-17 所示。

图 2-17 "我要开店"的链接

单击"我要开店"按钮。按照淘宝的要求，只要发布 10 件不同的商品，就可以免费开店，如图 2-18 所示。

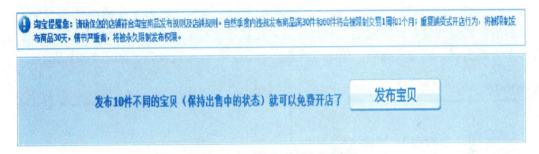

图 2-18 "发布宝贝"的链接

（2）单击"发布宝贝"按钮，进入发布商品的向导页面。

淘宝网中的商品有两种发布模式："一口价"和"拍卖"（图 2-19）。其中，"一口价"是由卖家定好的价格，买家拍下即可买到；"拍卖"则是竞拍的方式，即卖家规定一个初始价格和一定的加价幅度，在规定的时间内出价最高的买家最终得到此商品。一般来说，卖家可以通过低起价拍卖的方式迅速提高人气。下面我们分别看一下这两种发布商品的模式。

图 2-19 发布宝贝的两种方式

（3）单击"一口价"按钮，进入选择类目的页面。在这个页面中，需要选择所售商品的分类，不同的商品分属不同的分类，不同的分类下面又有一级子分类。下面以出售一个双飞燕 K3-220 型 8 键鼠标为例，如图 2-20 所示。

图 2-20　发布宝贝的类目选择

（4）选择好类目后，单击"好了，去发布宝贝"按钮，进入发布商品的主页面。将相应的信息填写齐全。商品描述（宝贝详情）尽量描述得准确丰富，上传照片时最好有实物的多个侧面图。填写完成后，单击"发布"按钮，即可完成发布，如图 2-21 所示。

发布成功

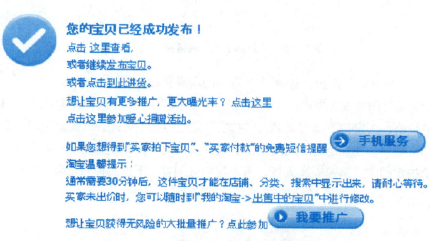

图 2-21　发布商品成功

单击"这里"按钮可以查看刚才发布的商品，如图 2-22 所示。

（5）如果要发布拍卖商品，回到"我的淘宝"→"已卖出的宝贝"，在"我是卖家"的页面中单击"宝贝管理"中的"我要卖"链接，再次进入界面，选择"拍卖"链接。

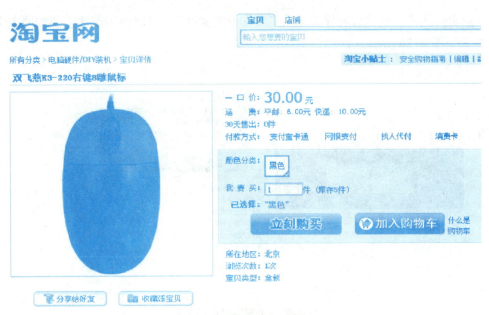

图 2-22　查看发布成功的商品

（6）这次用以拍卖的是一个老的紫光 U 盘（型号 F3-128M）。图 2-23 和图 2-24 所示为填写拍卖商品的界面。

注意：淘宝规定拍卖的商品最终价格是包含运费的，卖家在发布的时候一定要考虑到实际的运费，这样定起始价才不会出问题。

图 2-23　拍卖商品的基本设置

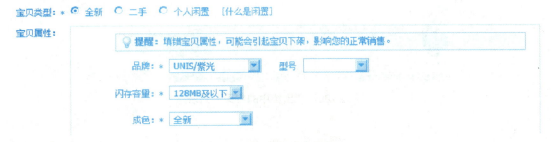

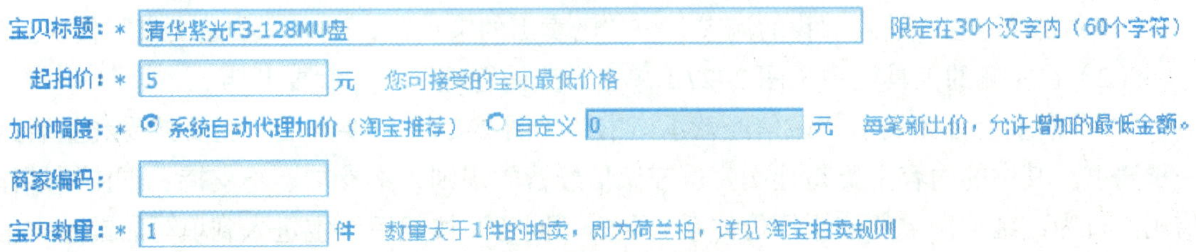

图 2-24　拍卖商品的价格设置

35

在拍卖商品发布成功后的界面单击"出售中的宝贝",可以看到刚才上架的两个宝贝,如图 2-25、图 2-26 所示。

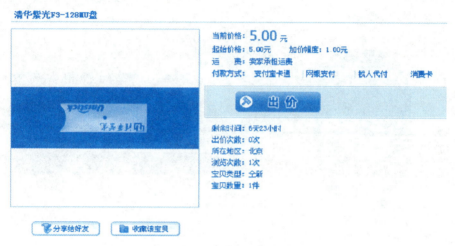

图 2-25　发布完成后的商品

图 2-26　"出售中的宝贝"列表

五、开通自己的店铺

当上传的商品达到 10 件之后,就可以开通自己的店铺了。具体的操作步骤如下:

(1)登录淘宝,进入"我的淘宝"→"已卖出的宝贝",进入"我是卖家"板块。

(2)在左侧的工具栏中(图 2-27)单击"店铺管理"→"我要开店"。

(3)淘宝会首先展示"诚信经营承诺书"(图 2-28)。要开店,就要接受和签署这一承诺书。其中的内容主要是让卖家遵守诚信经营的规则,不参加、不支持、不传播炒作信用的行为,维护淘宝的信用评价体系。单击"同意"按钮后淘宝进入到填写店铺基本信息的页面,如图 2-29 所示。

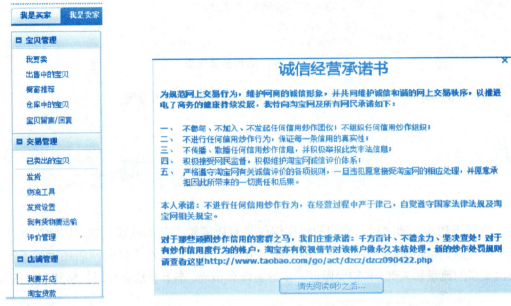

图 2-27 "我要开店"链接　　　　图 2-28 开店诚信经营承诺书

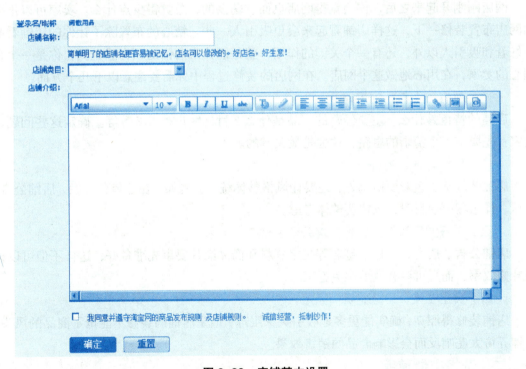

图 2-29 店铺基本设置

（4）需要填写的基本信息包括店铺名称、经营商品类品、店铺简介。填写完成后单击"确定"按钮，店铺就已经开通了，如图 2-30 所示。

店铺运营

> 恭喜！您的店铺创建成功。
> 你的店铺地址:http://shop62591272.taobao.com
> 您还可以随时到管理我的店铺，对您的店铺进行设置

图 2-30　店铺创建成功

（5）此时单击"管理我的店铺"，可以对店铺做进一步设置。

第二节　网店的装修与布局

当网店初次开通之后，我们的操作仅仅是对店铺做了基本设置，如为店铺起名字，确定店铺经营商品的类目，写关于店铺的简要介绍。这些信息对于经营网店还远远不够。要获得更多的流量和人气，必须要做进一步的装修和布局。本节就重点介绍装修和布局的知识。

一、店铺装修的注意事项

网店刚刚开起来之后，你会觉得网店页面空荡荡的，总觉得少点什么。卖家可以把你的网店布置装修一下，这样店铺看起来会更吸引人一些。精心的布置除了让你的店铺看起来好看和吸引人以外，还有一个关键的作用，就是能让来店铺的顾客感觉到，你是一个很用心的卖家，在用心地做这个网店。在网店的装修过程中你需要注意以下几个方面。

（一）要有一个清晰的思路

店铺的特色是什么？主要经营的产品是什么？目标客户是谁？等等。确定这些问题，卖家首先要有一个清晰的思路，这也是最关键的。

（二）风格与形式的统一

店铺装修除了色彩要协调外，还要让风格整体统一。例如，在选择分类栏、店铺公告、音乐、计数器等项目时，风格要整体考虑。

（三）做好文字和图片的前期准备

店铺公告、店名、店标、签名等文字资料和商品图片要事先准备好，这样不但可以提高装修效率，而且可以有效地避免返工。

（四）突出主次，切忌花哨而无用

店铺装修得漂亮，确实能更多地吸引买家眼球，但是店铺的装修不能抢了商品的风头，店铺弄得太花哨反而会影响商品的销售效果。

二、选择店铺模板

（1）在成功发布 10 件宝贝，通过淘宝实名认证和在线考试之后，就可以在淘宝上拥有一个免费的旺铺。单击"千牛卖家中心"→"店铺管理"→"店铺装修"（图 2-31），开始我们的店铺装修之旅吧！

图 2-31　店铺装修

（2）单击"装修"→"模板管理"→"系统模板"（图 2-32、图 2-33），就会出现系统提供的可供选择的 3 个免费模板，分别是简约时尚官方模板、动感红官方模板和收费店铺官方模板，接下来根据商品的特点选择并确定一种即可。

（3）如果对系统提供的模板不满意，可以先单击"装修"→"模板管理"（图 2-32、图 2-33）→"装修模板市场"（图 2-34），即可进入装修模板市场进行选择（图 2-35）。

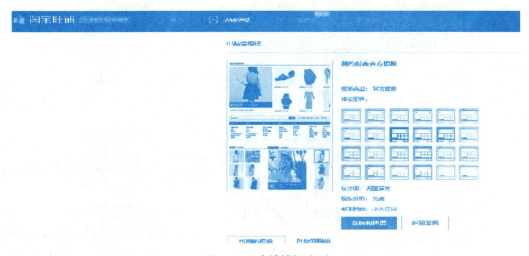

图 2-32　店铺模板（1）

图 2-33　店铺模板（2）

图 2-34　装修市场（1）

图 2-35　装修市场（2）

知识链接

淘宝店铺的版本

目前淘宝店铺的版本有扶植版、标准版和拓展版。对于初次使用淘宝网络零售平台进行开店的卖家来说，可以使用免费的普通扶植版或旺铺扶植版，当成长到1钻后，可以开通标准版，达到4钻——皇冠时，就可以开通拓展版，而金皇冠和商城卖家则可以使用旗舰版旺铺。普通店铺、创业扶植版、旺铺标准版的功能与区别对比，见表2-1。

表2-1 各类店铺模板比较

比较项	普通店铺	创业扶植版	旺铺标准版
资费	无	60元/季	（非消保卖家）50元/月（消保卖家）30元/月
个性化首页	无	固定的旺铺版面	自由添加与移动模块，更个性
自定义页	无	可添加系统页面	系统页和自定页均可添加
宝贝橱窗图片显示	小	大图	大图
首页自动推广区	无	4个自动推广区	可添加多个推广区
店内手动推广区	无	无	可添加多个推广区
自定义模块	无	无	有
卖家推荐	6个	16个	16个
模块添加与移动	无	无	有
首页自定义内容区	无	无	有
123show首页装修	不可用	不可用	可用
宝贝描述页	无店招、无侧边栏	有店招、有侧边栏	有店招、有侧边栏
更多淘宝新功能	无	无	有

三、选择店铺风格

在选择店铺模板时，需要考虑店铺的风格，店铺风格定位是否准确，直接决定了你的店铺是否能够得到买家的喜爱。那么，什么是店铺风格？店铺风格的构成元素有哪些？店铺风格在店铺装修中的作用又有哪些？

（一）店铺风格

店铺风格是指店铺的整体形象给浏览者的综合感受，风格（Style）是抽象的。这个"整体形象"包括站点的CI（如标志、色彩、字体、标语等）、版面布局、浏览方式、交互性、文字、语气、内容价值、存在意义、站点荣誉等因素。例如，食品店铺是活色生香的，儿童产品店铺是生动活泼的，电子产品是专业严肃的，这些都是店铺给人们留下的不同感受。

(二)店铺常见的几种风格

店铺风格主要有以下几种:

(1)简约风格。简单干净的风格,纯色块、简约线条,大气时尚,浏览舒适(图2-36)。

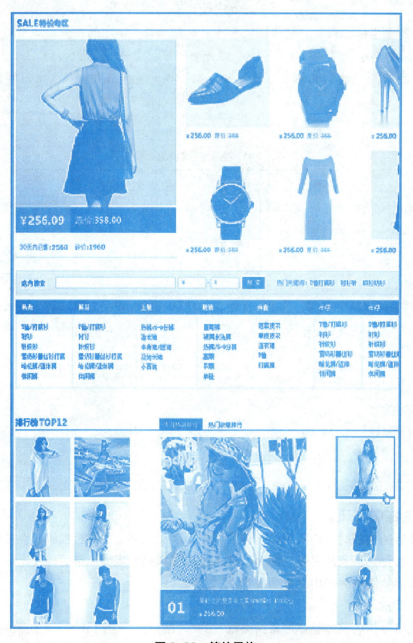

图 2-36 简约风格

(2)古典/民族风。此风格多见经营玉器、茶叶、纯银饰品、中国风服装等店铺(图2-37),采用泼墨等国画手法体现,古典淡雅,给页面赋予了很强的文化内涵。

图 2-37　古典 / 民族风

（3）日 / 韩系风。此风格多见于经营女装、文具等店铺（图 2-38），页面组成元素多，蕾丝花边、波点、花朵、手绘为其重要的点缀；色系一般为饱和度较低的颜色。

图 2-38　日 / 韩系风

（4）潮牌风。此风格多见于女装、饰品等店铺（图2-39），色系丰富，文字排版时尚，海报模特表现手法比较另类、个性，产品以街头时尚为主。

图2-39　潮牌风

（5）田园风。此风格以家具、家饰为主，如图2-40所示。店铺多以天地和园圃等特有的自然特征为形式手段，能够表现出带有一定程度农村生活或乡间艺术气息，表现出自然闲适的内容。田园风店铺常见元素有碎花、蕾丝、奶白色、小格子、蔓藤、篱笆、铁艺等，用色较浅。

图2-40　田园风

（6）学院风。此风格以服饰为主（图2-41），代表年轻的学生气息、青春活力和可爱时尚，是在学生校服的基础上进行的改良。时尚圈中盛行的"学院风"让人重温学生时光。"学院风"衣装以百褶式齐膝裙、小西装式外套居多。今年流行的英格兰"学院风"以简单、高贵为主，以格子的明显图文为特点。

图2-41 学院风

（7）欧美大牌风。大品牌风格的店铺如图2-42所示。对产品及模特要求比较高，最好是国外模特，需要具备国际范儿。

图2-42 欧美大牌风

（三）店铺风格设置的作用

店铺风格设置的作用如下：

（1）提升店铺品牌形象。

（2）提升店铺信任度。

（3）提升商品品质。

（4）提升用户的视觉体验。

（5）增加店铺页面的访问数。

（6）增加店铺浏览停留时间。

四、选择店铺配色方案

（1）在店铺风格确定后，单击"页面装修"（图2-43）。

图2-43　配色方案选择（1）

（2）在图2-44中打开的界面，单击"配色"，选择好配色方案后，单击"保存"按钮。

图2-44　配色方案选择（2）

（3）当配色方案保存后，单击"页头"（图2-45）。

第二章 网上店铺的创建

设置完毕后,单击"保存"按钮。

图 2-45 背景设置

五、进行店铺页面布局

当店铺的风格和配色确定后,就来为我们店铺的页面进行布局吧!

(一)进行整体页面的布局

(1)单击"页面装修"→"布局管理",如图 2-46 所示。

图 2-46 页面布局

47

（2）打开"布局管理"界面（图2-47），进行整体页面布局。

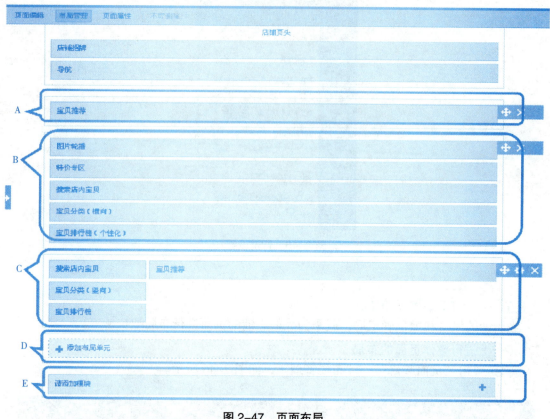

图2-47 页面布局

我们常用的版面布局形式如下：

①"T"结构布局。所谓"T"结构，是指页面顶部为横幅区，是店铺标志+店招广告条，接下来页面分为左、右两个部分，左侧为分类导航等信息，右侧为活动或产品推荐。因为菜单条背景较深，整体效果类似英文字母T，所以我们称之为"T"形布局。这是店铺页面布局设计中使用最广泛的一种布局形式，如图2-48所示。"T"形布局的优点是页面结构清晰，主次分明，布局易于操作；缺点是规矩呆板，如果细节色彩上不注意，很容易让人"看之无味"。旺铺的扶植版与标准版均为此种布局。

②"口"形布局。这是一种比较形象的说法，是指页面上方与下方各有一个通栏的模块，中间部分采用三栏的形式，左侧放分类导航或产品推荐，中间为较大的轮播图，右侧为公告或者文字链接（图2-49）。也有将四边空出，只用中间的窗口型设计。"口"型布局的优点是充分利用版面，信息量大；缺点是页面拥挤，不够灵活。

③"三"字形布局。"三"字形是指页面布局时，多以通栏的海报或者Banner将陈列区隔开。其特点是页面上横向两条色块，将页面整体分割为四个部分，色块中大多放广告

条（图2-50）。"三"字形布局的优点是布局简单、陈列清晰；缺点是页面稍显单调，海报要求视觉冲击较强。

图2-48 "T"结构布局

图2-49 "口"形布局

④对称对比布局。顾名思义，采取左右或者上下对称的布局形式，一半深色，一半浅色（图2-51）。对称对比布局的优点是视觉冲击力强，缺点是将两部分有机地结合比较困难。

图 2-50 "三"字形布局

图 2-51 对称对比布局

⑤POP 布局。POP 引自广告术语，POP 布局是指页面布局像一张宣传海报，以一张精美图片作为页面的设计中心，常用于时尚品牌和大促期（图 2-52）。POP 布局的优点是漂亮吸引人；缺点是页面打开的速度相对比较慢。但是作为版面布局还是值得借鉴的。

图 2-52　POP 布局

除了上述常见的页面布局形式外，还有许多别具一格的布局，设计的关键在于如何开拓思维、进行创意化布局，不可为了个性而做，要在注重用户体验的前提下进行布局创意。

（3）在打开的"布局管理"界面中，A、B、C 三个单元区域可以进行位置移动，只要将鼠标放至单元区域右边，当鼠标变成黑色十字光标时，按住左键拖动即可。如果对系统提供的布局不满意的话，可以单击 D 区域的"添加布局单元"，此时会弹出"布局管理"对话窗口。

"布局管理"是指在网上店铺装修时可以设置两栏和三栏及多种不同分栏结构的布局，不过一个店铺的页面布局，最多可以添加 5 个布局。

① 950 像素布局：这是很多卖家会选择的一种布局——大通栏布局，也是大广告图片轮播区域，它是用来区分各模块区域的隔断（图 2-53）。

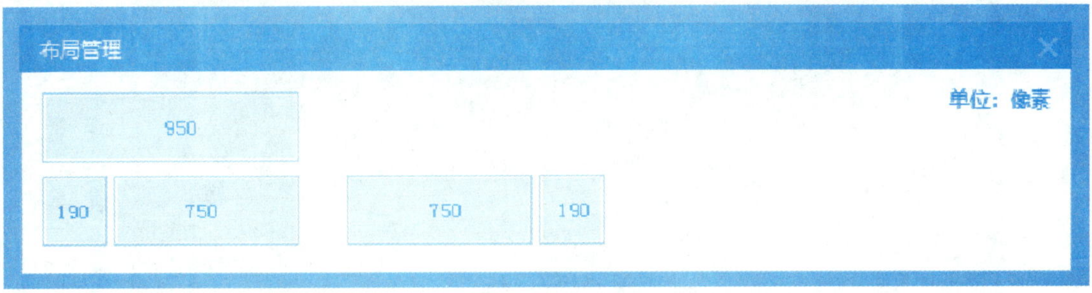

图 2-53　布局管理

②190像素×750像素或750像素×190像素布局：这是常规布局，一般190区域，主要放入"店铺收藏""热销排行""客户服务""商品分类"等；750区域，主要放入"陈列商品""精品推荐""商品信息""促销广告"等。

（4）在"布局管理"页面口中，选择一个分栏结构，系统会自动生成单元区域（图2-54），请将鼠标放至此单元区域的右边，当鼠标变成黑色十字光标时，按住鼠标左键拖动此单元区域至指定位置。

图2-54　布局管理

（5）为新添加的单元区域添加模块。单击图2-54中"请添加模块"右侧标注的红色"+"，系统会自动弹出"模块管理"对话窗口，在此窗口，可以根据需要选择一种模块。例如，选择图片轮播，单击"添加"按钮（图2-55），系统会自动生成如图2-56所示样式。

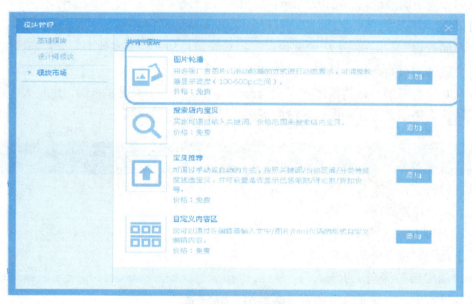

图2-55　添加模块

图 2-56　添加模块

当页面布局工作结束并确认时，请单击页面布局底部的"保存"按钮。

页面布局是整个店铺的骨架，布局得是否合理不仅影响着店铺美观，更影响着卖家商品的成交量，因此，在进行布局前，一定要和团队的成员共同设计规划布局草图，方可实施店铺的页面布局。

六、进行店铺首屏布局

淘宝店铺的首屏，是打开店铺时首先进入买家视线的重要页面，占店铺所有页面20%以上的访问量。它就像实体店面的橱窗位一样，卖家会将最吸引买家的商品信息摆在橱窗位，达到留住买家，引导买家持续关注本店铺，提高店铺商品转化率的目的。如果把淘宝店铺比作一个人的话，首屏就像是一个人的外衣，合适的着装可以衬托出一个人的气质，体现个人风格。它所起的作用就是品牌展示、形象展示、活动展示、产品展示、热点关注展示等。常见的首屏格局有以下几种：

（1）大众格局（图2-57）。大众格局较为普遍，顶部为滚动的单行文字公告，中间为950像素宽度的轮播海报，下方为3或4个小Banner引导图。Banner内容多为"最新上架""满××包邮""满××返××""加入收藏""特价入口""加入帮派""所有宝贝""加关注""7天退换""48小时发货"等买家关注的信息。

此类格局对美工和图片的质量要求相对较高，950像素宽度的海报一定要达到较高的设计精度和创意，激发买家的共鸣，吸引单击量和浏览量。此类格局对行业没有过多的要求，重点在于视觉展现。

（2）网址格局（图2-58）。网址格局是各购物网址较多使用的格局，页头下方的"横幅重要信息"，可以是文字的，也可以是图片的，内容为店内重要活动、重要须知或者重要通知，如"换季清仓1折起！""本店出售全部正品！"等。其左侧引用独立B2C网站形式类目索引，方便买家定向查找需要的产品；右侧轮播海报较小，设计要求较低，可以是促销海报，也可以是单品或者类目的宣传海报。此类格局适合商品类别较多的店铺，如化妆品、小家居、母婴用品、家电、数码产品等。

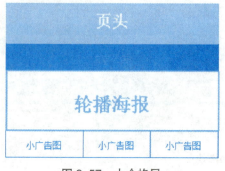

图 2-57　大众格局

图 2-58　网址格局

（3）主题推荐（图 2-59）。位于"横幅重要信息"下方，是 N 组横向滚动的产品推荐，主题可以自由定义，根据不同的店铺主营商品进行规划，因图片较小，可以展示很多，一般可设置为最新到店的商品，或者"爆款"的产品，让买家在较短的时间可浏览到很多的产品。

由于对图片大小的限制，此类格局不太适合服装销售类的店铺，白底的产品图可以最佳地展示商品信息，适合的行业有内衣、饰品、食品、箱包、化妆品、鞋子等小图辨识度较高的商品。因海报图多较大，下载速度相对较慢，在这里，小图就具有了快读的优势，待买家浏览后，大致对产品有了一定的了解时，下方的海报图基本也就下载完成了。此类格局可以引导买家顺畅地浏览。

（4）旗舰格局（图 2-60）。此类格局可以覆盖整个页面宽度的整屏海报拥有旗舰店铺的气势，对设计要求精度较高。此类格局建议大型活动期间使用，更加醒目地突出活动及店铺风格，在正常经营期间，不建议长期使用此格局，原因有两点：一是因为图片打开时间较长，二是因为店铺主要信息需要在下拉页面才可以看到。

图 2-59　主题推荐

图 2-60　旗舰格局

（5）黄金分割（图2-61）。此类格局是根据黄金分割比例进行分割，从视觉上看，可以达到比较舒适的浏览效果。其左侧轮播海报放置买家到店需要关注的焦点元素；右侧为次要元素的展示，可以是重要的文字链接，也可以是小的广告图，或者卖家推荐的商品，这些元素不是必需的，应以达到不影响焦点元素的浏览为取舍原则；下方为店铺的公告、联系方式及类目索引，均为方便买家关注店铺信息而设置的。此类格局没有特定的行业限制，也是店铺应用较多的一类格局。

图2-61　黄金分割

（6）三栏结构（图2-62）。此类格局较紧凑，其优势是可以密集地传递更多的信息，第一时间让买家看到；其劣势是画面上没有通栏海报的视觉效果强大，而且视觉点较分散，主要焦点集中在中部的轮播海报，内容填充不好会让买家感觉页面较乱。

图2-62　三栏结构

七、店铺店招的布局

（一）店招的含义及内容

所谓店招，是指店铺招牌。线下店铺对于店招非常重视，一个好的店招不仅是店铺坐落地的标志，更能起到户外广告的作用。例如，看到麦当劳的鲜红色的店招一定会让人联想到巨无霸汉堡，看到北京同仁堂的店招，你的第一反应肯定是"中华老字号"……店招是一个店铺精髓的体现。淘宝网上所指的店招其实是虚拟店铺的招牌，用以说明经营项目、招揽买家的牌子，它处于店铺首屏中最醒目的位置，其重要程度自然不言而喻。

（1）传达信息。店招是传达信息的最好阵地，可以在店招区域传达店铺经营信息、所属行业信息、所卖商品有何特色。

（2）树立品牌形象。品牌形象是一个象征、一个记号，是一种无形资产，可以让某种商品区别于市场上同类商品。这种品牌形象的设计可以是一句简单易记的广告语、一个好名字、一个易于识别的Logo。

（3）定位目标消费者。目标消费者，是卖家打算将商品卖给的某类人群对象。卖家要充分了解目标消费者的年龄、性别、爱好、收入、购买习惯等因素。

店招包含内容很多，那么究竟什么样的布局才是好的店招布局呢？对于任何一家店铺来说，只要布局适合就是好的布局，这里没有标准答案，但我们可以通过系统提供的数据分析工具，了解店招布局好坏，再进行微调，以提高店铺的点击率和转化率。

（二）常见的店招布局

（1）简洁布局。店招简洁明了，无须传递很多的风格与品类信息，对店铺的图片质量要求较高,一般店招的下方配有高清、高精致的海报,传递更多的品牌信息(图2-63)。

图2-63 简洁布局

(2)密集布局。密集布局的信息海量,容易使买家处于视觉疲劳。因此,使用此类布局的卖家,一定要做好详细的客户需求调查,如果店招负重过多,反而会模糊重点。

(3)常规布局。

①常规布局1(图2-64),左上角为店名及广告语,下方为页面导航,右侧为文字链接及收藏,文字链接处可根据相关需要进行设置,如"购物车""我的订单"或者"加入帮派""关注微博""卖家说"等。

图2-64 常规布局1

②常规布局2(图2-65),图中融入了广告图位置及店铺公告,使店招的促销功能得以加强。

图2-65 常规布局2

③常规布局3(图2-66),加入了联系方式,使沟通更加便捷;二级页面置顶,导航更加突出;下方文字链接可设置店铺最受关注的信息。

图2-66 常规布局3

④常规布局4(图2-67),加入了各种保障信息,以提高店铺的可信任度。

图2-67 常规布局4

(三)店招装修操作

①单击进入千牛卖家工作台——店铺的基本设置,命名店铺的名称,上传设计好的店铺标志,单击"保存"按钮。

②单击店铺装修,进入如图2-68所示界面。

图2-68 店招装修(1)

③单击图2-68中所示的"添加模块",弹出图2-69所示的"添加模块"对话框,添加店铺招牌,单击"添加"按钮即可。

图 2-69　店招装修（2）

④单击图 2-68 所示"标注"按钮，进行店铺招牌设置，在弹出的对话框中（图 2-70），选择自定义招牌，弹出对话框（图 2-71），在此对话框中，添加已经设计并上传至图片空间的店招图片地址、相关文字链接、广告图片，同时设置图片的对齐方式、间距像素即可。

图 2-70　店招装修（3）

图 2-71　店招装修（4）

八、商品描述页的常见问题和布局

在淘宝店铺中,通过生意参谋的数据统计工具,我们可以了解自己店铺访客的来源构成,其中绝大多数访客来自淘宝的搜索或者类目。买家一般都是直接访问商品描述页面,因此进入店铺的第一站是商品描述页面。由此可见,商品描述页面是影响买家是否购买的一个重要因素,同时也是将点击率转化为成交率的关键页面。既然商品描述页这么重要,很多卖家也会花费大量的心思在商品描述上,但效果并不好,用户转化率也不高,这又是为什么呢?我们应该如何去解决?又应该注意哪些问题?接下来,就让我们先了解一下商品描述页中常见的几个问题。

(一) 商品描述页中的常见问题

商品描述页中的常见问题如下:

(1) 页面颜色和字体不宜使用过多,容易造成视觉混乱。例如,有的卖家为了让一些重要的信息比较明显,使用了红色大号字体或颜色鲜艳的色块作为底色,这样做醒目的目的是达到了,却失去了页面的整体性和视觉美感,降低了店铺的档次和品牌质感。

(2) 图片质量过低。低质量的图片会影响买家对商品的把握和信任,降低商品的品质。

(3) 商品信息填写不完整。若提供的商品信息不完整会影响买家的判断和购买信心。例如,买家通常在购买商品时最希望了解商品的材质、尺寸、颜色、寓意、使用与保养、基础知识、真伪辨别、赠品、消费承诺、付款方式等信息是否齐全。

(4) 商品描述页布局混乱,主次不分。例如,商品重要的信息(如商品属性、商品照片等)是否摆放在突出位置,次要信息(如邮资说明、服务承诺等)应该摆放在稍后的位置。

(5) 广告描述过长,影响用户体验。主要是指页面的前两屏如果被大量的广告和文字占满,会使买家无法快速看见商品主体,特别是大量的信息又以图片的形式出现,页面加载速度将大受影响,用户的体验非常差,使买家失去耐心,增加流失率,降低转化率。

以上都是商品描述页中的常见问题,都会影响买家对商品本身的关注程度,拉大与消费者的距离,影响店铺的整体形象和经济效益。品牌店铺的成功经营,除了要求我们在商品方面获得认可之外,还有一个关键因素就是让买家掌握简单、单纯的页面结构布局,操作使用,使买家集中对商品的注意力,产生购买欲望。

(二) 商品描述页的布局

商品描述页的版式通常分为宽版(图2-72)和窄版(图2-73)。

宽版设计覆盖整个页面,宽度在900像素以上,左侧栏呈收起状态,需要手动单击才能展开,其优点是可以展示更宽的图片,在视觉呈现上更加有冲击力;缺点是买家在浏览页面时,想要找分类,还需要多加一个点开侧栏的动作,虽然只是一个小小的操作,却可能造成很多流量的丢失。

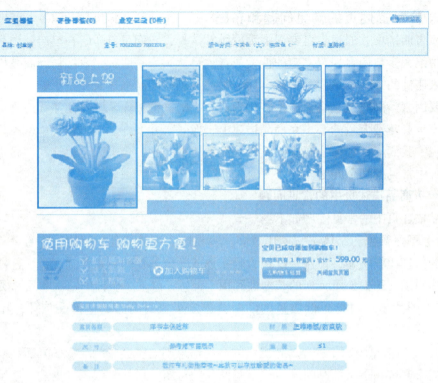

图 2-72　宽版

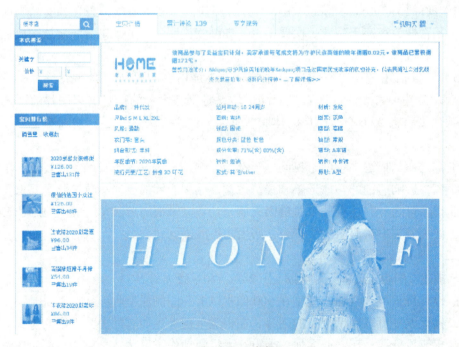

图 2-73　窄版

窄版的商品描述页宽度大概在 750 像素左右，左侧栏默认呈打开状态，这样的构图能使左侧与右侧分别能够被编辑，卖家使用起来很方便，买家浏览也更加清晰明了。

商品描述页布局，如图 2-74 所示。

图 2-74　商品描述页布局

店铺运营

第三节　淘宝交易过程及相关辅助软件的应用

一、淘宝交易过程

淘宝的交易过程是由买家和卖家共同完成的。作为卖家，自然要熟悉自己的操作，但对于买家如何购物的操作我们也要熟悉，因为有的买家是新手，并不了解具体过程，这样就需要卖家进行操作上的指导，帮助买家完成交易。

淘宝交易的完整过程可以归纳如下：

买家在淘宝网上搜索查找自己需要的商品→买家拍下该商品（或将商品暂时放入购物车，待选好多件商品后一起下单）→卖家修改价格→买家通过支付宝付款→卖家发货→买家收到货后确认收货并进行评价→卖家对买家进行评价。

（一）买家搜索商品

买家在淘宝上买东西，大多是利用淘宝的搜索功能进行搜索。

对于卖家来说，要想让自己的商品尽可能卖出去，就要想方设法地让自己的商品排名靠前。排名靠前的方法主要有以下几方面：一是选择商品的类目要正确，二是商品的名称起名要讲究方法，三是要参加淘宝的各种促销和推广活动。前两点在本章已经讲过了，第三点在本教材第五章中会具体讲到。

（二）买家搜索到需要的商品后进行购买

下面我们举例介绍如何下单。

（1）买家直接单击商品中的"立即购买"按钮，将商品生成订单，如图2-75所示。

图2-75　购买商品

（2）在生成订单前还需要确认买家的收货地址、姓名等信息，并选择购买数量、运送方式,以及买家留言。当一切都选择好后,单击"确认无误、购买"按钮,生成订单,如图2-76所示。

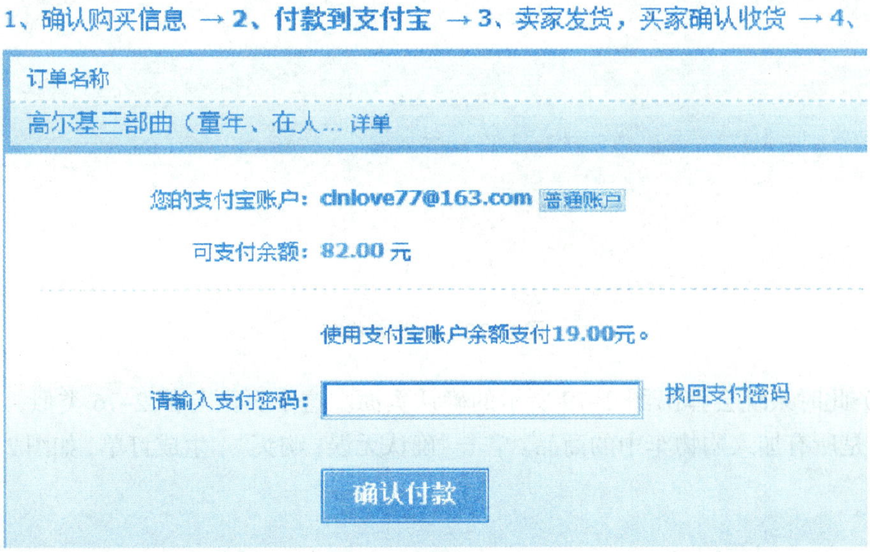

图2-76 确认购买

(3)生成订单后,买家跳转到付款的页面。如果需要卖家修改邮费或商品价格,此时可先不付款,等到卖家将价格改完后再一起付款。

(4)对于买家一次性在同一家店铺购买多件商品的情况,为了双方都减少操作,卖家最好让买家将准备购买的商品放入购物车后再生成订单。

如图2-77所示,将准备购买的商品"放入购物车"。这样一次一次操作,直到把所有需要的商品都放入购物车。这时可以对购物车中的商品进行删除或修改数量,确定后单击"立刻购买"按钮,如图2-78所示。

图2-77 加入购物车

图 2-78　修改购物车

（5）此时系统会弹出图 2-79 所示的确认页面。这个页面与图 2-76 类似，只不过列出的商品是所有加入购物车中的商品。单击"确认无误、购买"，生成订单，如图 2-80 所示。

图 2-79　确认订单信息

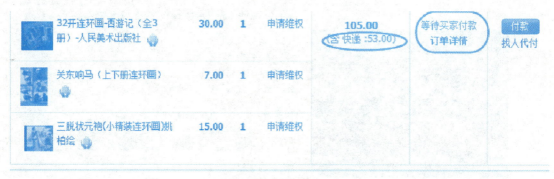

图 2-80　生成订单

注意：通过这种加入购物车的形式生成的订单一定要与卖家协商好邮费，让卖家修改邮费后再进行付款的操作，因为加入购物车，实质上是生成了购买多个商品的订单，而根据淘宝的规则，购多个商品时，邮费是叠加在一起的。

（三）卖家修改邮费或商品总价

卖家进入"已卖出的宝贝"中，在需要修改价格的这笔交易中单击"修改价格"，如图 2-81 所示。

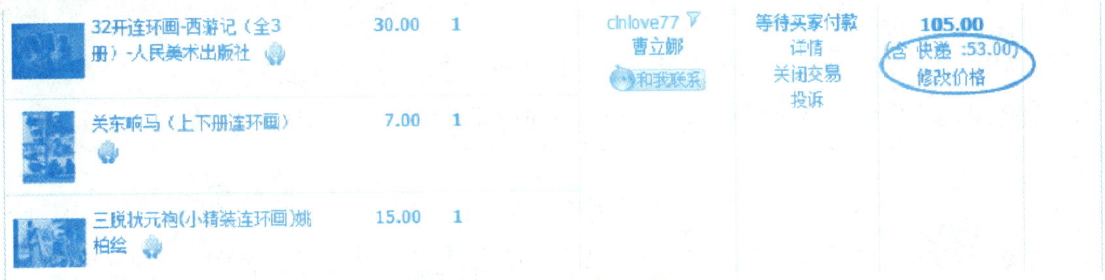

图 2-81　卖家修改邮费

如果要修改邮费，只需在邮费对应的框中输入正确的数值即可；修改商品的单价，则是在每个商品折扣前面的框中输入一个折扣数字（1~9 的整数），代表在原价上打几折（数越小，优惠越大多）。如果要增加成交价格（如买家买下几件商品后又想再加一件，但不想再拍了，可以让卖家把对应商品的价钱直接加到已经拍好的订单中），只能算在邮费当中，如图 2-82 所示。

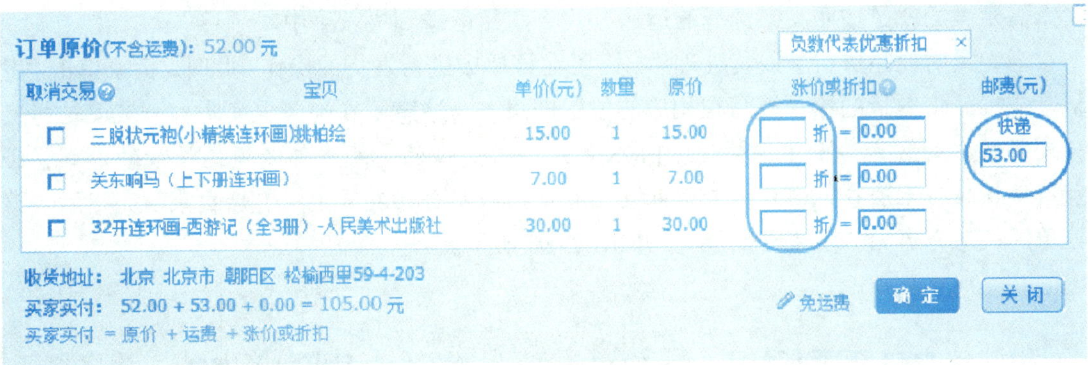

图 2-82　卖家修改价格

改好价格后单击"确定"按钮，价格修改成功。当买家再次进入"已买到的宝贝"中查看时，就会发现该订单的价格已经修改好了并重新生成订单，如图 2-83 所示。

此时，无论是买家还是卖家，订单中显示的订单状态都是"等待买家付款"。

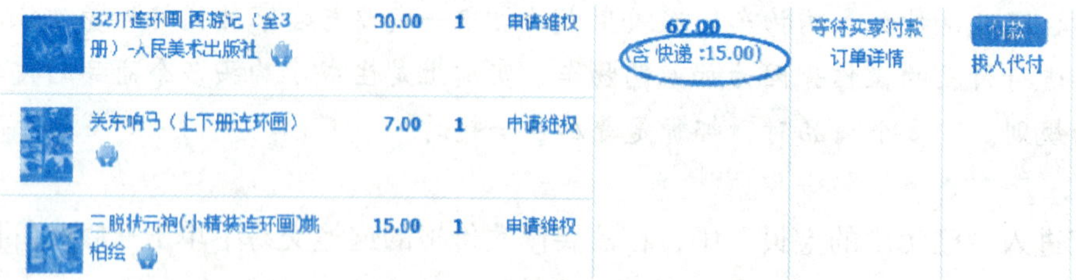

图 2-83　重新生成订单

（四）买家付款

使用支付宝进行付款操作（支付宝的使用将在后面的章节中介绍）。

当买家付完款后，该订单的状态就变为"买家已付款"，如图 2-84 所示。

图 2-84　买家已付款

（五）卖家发货

当卖家看到"买家已付款"的提示后，就表示买家已经将相应的货款支付给支付宝了。卖家需要做的就是按照买家选择的运送方式将商品运送到买家手中。

当卖家对商品进行了发货处理后，需要在订单中进行发货的操作。此时，卖家单击"发货"链接，将发货的单号填写在相应的位置即可。（**注意**：在淘宝中发货，一定要选择交付发货凭证的方式，如中通快递、EMS 都是给付凭证的，而平邮必须是挂号的形式，否则所寄物品将无法查询，意味着卖家就没有证据证明自己发货了。）当卖家发完货后，该订单的状态变更为"卖家已发货"，如图 2-85 所示。

图 2-85　卖家已发货

（六）卖家为买家延长收货时间

按照淘宝网的规定，如果买家选择平邮方式，卖家发货后收货时间默认为 30 天；如果是快递的方式，则收货时间默认为 9 天。

这里所说的收货时间是指到了该时间后，即使买家没有确认收货但又没有提出退款申请时，该购物款项就会直接转入卖家的支付宝账号中。

有时买家会因种种原因在规定的时间内未收到货物，这时作为卖家，有责任为买家延长收货时间。

卖家登录淘宝，到"已卖出的宝贝"中查看需要操作的订单，单击"延长收货时间"，如图 2-86 所示。

图 2-86 延长收货时间第二步

卖家可以一次性为交易延长 3 天、5 天、7 天和 10 天。如果要延长更长的时间，则可以多次进行此项操作。

（七）买家收到货物付款

买家收到货物后经验收合格，就可以确认收货。买家在该交易中单击"确认收货"，然后输入支付宝的支付密码即可进行确认，如图 2-87 所示。

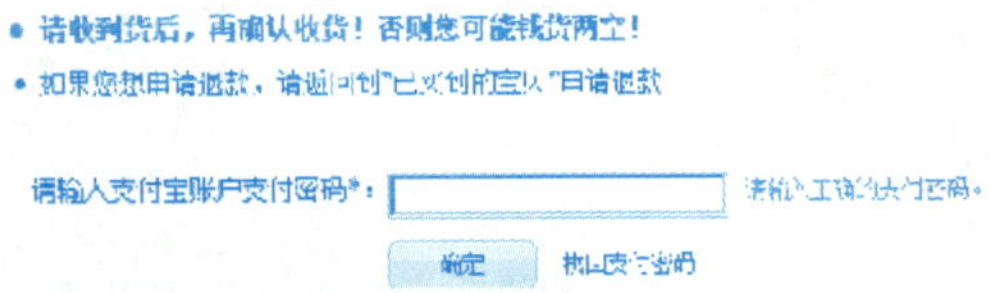

图 2-87 买家收到货物付款

当买家确认收货后，订单状态将变为"交易成功"。

如果卖家的商品有问题，买家需要退货的话，则需要与卖家协商好，然后单击"申请退款"，如图 2-88 所示。作为卖家，只要同意即可（如不同意，单击"拒绝本次退款"）。

图 2-88 申请维权

（八）双方进行评价

当买家支付完货款后，系统会自动给出要求给对方评价的提示，如图 2-89 所示。

图 2-89　买家支付成功界面

买到也可以到"已买到的宝贝"对应的订单信息中进行"评价"，如图 2-90 所示

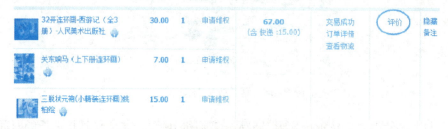

图 2-90　双方进行评价

淘宝会让双方对每一件交易成功的商品做出评价，如图 2-91 所示。

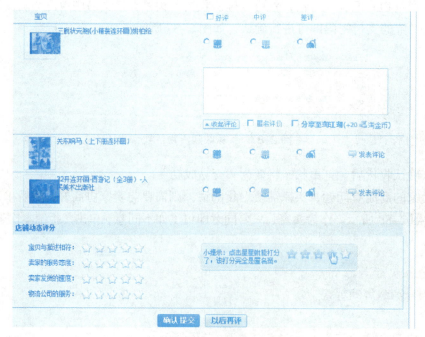

图 2-91　对商品进行评价

建议卖家在对客户进行评价的时候加一些宣传本店标识的评语，这样当别人在查看买家的信用评价时就会发现卖家的店铺信息，从而成为购物者也是极有可能的，如图2-92所示。

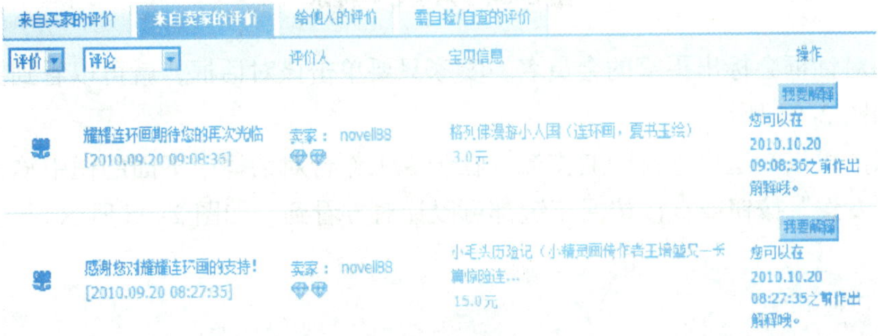

图 2-92　显示来自卖家的评价

二、千牛工作台软件的使用

在淘宝中购物，少不了交易双方要进行协商和交流，千牛工作台就是这样一个可以满足双方交流需求的聊天工具。千牛工作台不仅仅是交流用的工具，双方在交易过程中的交流还可以作为有效的证据提供给淘宝客服（有时买卖双方的交易纠纷不可避免，每一方举证保护自身的合法权益不受侵害，就需要向淘宝提交证据，而千牛工作台中的记录是淘宝采信的证据之一）。下面我们就千牛工作台常用到的功能做简要介绍（千牛工作台的功能很多，限于篇幅，只能列举常用的功能）。

（一）千牛工作台的下载与安装

登录http://www.wangwang.taobao.com，在这里可以下载淘宝版的阿里旺旺软件。淘宝提供了两种版本：淘宝买家版和千牛卖家，这两种版本功能各有侧重。作为开店者，需要安装千牛工作台。

安装的过程比较简单，双击安装文件后按照向导提示一步一步操作即可。千牛工作台的启动界面如图2-93所示。

在这里，如果电脑是自己私用的电脑，在输入用户名、密码后，应该选择"记住密码""自动登录"两项。这样，千牛工作台每次都会随Windows操作系统以输入的会员名自动登录，省去不少麻烦。

图 2-93　千牛工作台启动界面

（二）千牛工作台的提示功能

当有买家与卖家进行交流的时候，就会有对话框在任务栏中闪烁，如图2-94所示。

图 2-94　阿里旺旺提示

闪烁的对话框会标出买家的会员名。卖家只要单击该对话框，就可以看到买家的留言内容了，如图 2-95 所示。

买家双方可以在这里进行沟通交流。在千牛工作台对话框中下面的框中输入想说的内容，单击"发送"按钮或直接按回车键都可以让对方看到，如图 2-96 所示。

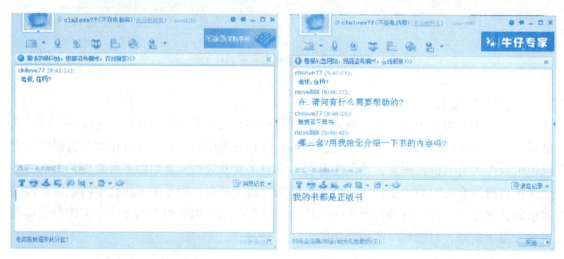

图 2-95　顾客留言显示　　　　　　　图 2-96　千牛工作网交流对话框

使用千牛工作台还有一个好处，就是在买家拍下商品、付款、退款、评价或卖家修改价格、发货后，千牛工作台都会给出提醒，如图 2-97 所示。

图 2-97　提醒窗口

（三）添加好友或加入黑名单

对于通过千牛工作台交流的买家，应该将其加入好友列表（操作命令位置如图2-98、图2-99所示）。

图 2-98　单击添加好友图标后，弹出对话框

可以为这个好友设置一个显示名称（主要是标识这位买家，如记录下这位买家需要的商品），也可以为这位买家设置一个组。添加完成后，系统会给出提示，这时进入千牛工作台的主界面，在好友列表中即可查看到该名好友（图2-100）。

图 2-99　添加好友成功

图 2-100　好友列表

对于那些炒作信用或发盗号链接地址的陌生人，直接将他们放入黑名单或进行举报。

注意：通过千牛工作台发送盗号链接的手段特别多，凡是千牛工作台接收过来的消息，显示无法判定该链接的安全性的地址，一律不要单击，以防被盗号者在系统内植入木马程序导致资金损失。现在又出现新的盗号方法，即把盗号链接放入淘宝网的博客当中，这样使阿里旺旺无法检测。作为卖家，多在论坛中查看一下关于盗号方式的公告，就不会上当受骗了。

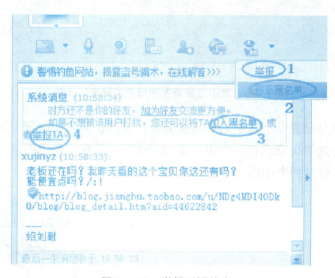

图 2-101　举报可疑信息

（四）提升服务质量

通过在千牛工作台中的设置，可以有效地提升服务质量。在千牛工作台中需要设置的主要有两处：一是千牛工作台的个性签名；二是设置自动回复短语，如图 2-102 所示。

图 2-102　个性签名

在千牛工作台的状态显示处的下方即可设置个性签名，也可以利用千牛工作台的菜单栏进行设定：单击千牛工作台的菜单栏处（图 2-103 所示 1 处），然后选择个性签名（图 2-103 所示 2 处），再选择"增加/修改个性签名"。通过新增命令添加新的个性签名，或者修改已有的签名、删除不需要的签名，如图 2-103 所示。

注意：签名最多只能设置 5 个。

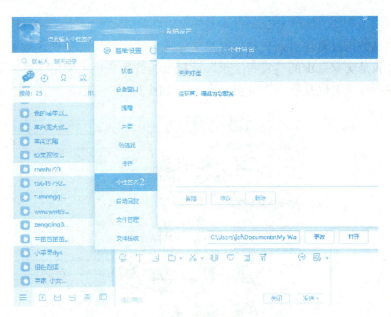

图 2-103　"增加/修改个性签名"命令

设置好的个性签名会出现在好友列表中或在交谈时可以看到。

如果有买家留言,此时卖家又不在电脑旁,若不能及时回答买家的留言,那么就可能丧失一笔生意。这时可以利用自动回复短语功能让旺旺和买家交流。

在千牛工作台的菜单栏(图 2-104 所示 1 处)选择系统设置(图 2-104 所示 2 处),然后选择"自动回复、快捷短语"(图 2-104 所示 3 处),然后在"自动回复"中单击"新增"按钮(图 2-104 所示 4 处),输入要回复的留言(图 2-104 所示中 5 处),最后单击"保存"按钮。这样,当买家留言时,千牛工作台就会自动回复。

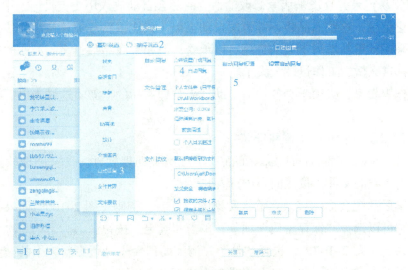

图 2-104　设置自动回复的内容

(五)利用千牛工作台管理交易及商品

千牛工作台的淘宝管理页面中提供针对买家或者卖家身份的更快速地管理入口,如上架新商品("我是卖家"中的"发布宝贝"链接)、管理交易(卖出宝贝或买到宝贝)、发货操作(发货管理)以及登录支付宝等操作,如图 2-105 所示。

图 2-105　淘宝管理页面

交易管理将在后面章节中做具体介绍,这里不再一一列举。

三、淘宝助理软件的使用

在淘宝上销售商品,卖家除了发货处理之外,很重要的一项就是商品的管理,包括上架和下架。淘宝从 2010 年就开始实行了这样的规定:当店里的某个商品浏览量很低,在 90 天内没有交易记录并且没被店家修改的话,商品会自动放入历史宝贝记录中。

作为历史记录,这些商品将不能再次自动上架(只能重新登记该商品的信息)。对于一两件商品来说,重新填写上架信息还可以承受,但如果商品数量多,如有的店铺几百上千件的商品都这么做,工作量就太大了。

所以,作为卖家,必须学会使用淘宝助理来管理商品的上架,这样为以后减少了很多工作量。

(一)淘宝助理软件的下载和安装

登录 http://www.taobao.com/tbassistant/,下载淘宝助理软件。淘宝助理软件也在不断地更新。双击下载的文件,按照向导进行安装。

安装完毕后系统会提示登录。输入卖家的会员名、密码(图 2-106,如果是自己专用的计算机,则可以选择"保存密码"项),单击"确定"按钮。因为是第一次登录,系统会进行身份认证(图 2-107),选择"是",淘宝助理会先进行更新数据的操作,耐心等待一会儿即可进入淘宝助理的主界面(图 2-108)。

图 2-106　用户登录

图 2-107　提示对话框

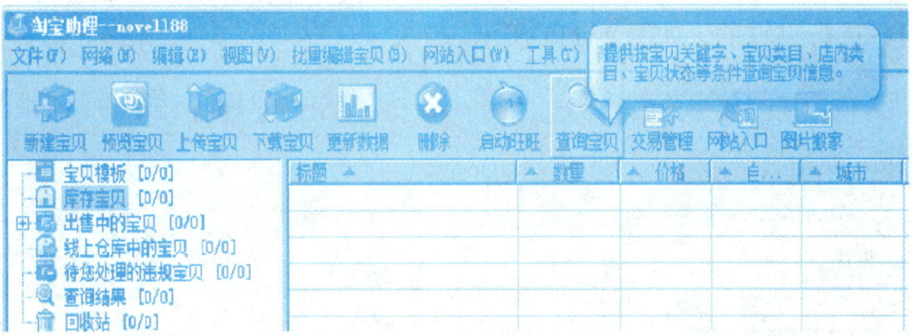

图 2-108　淘宝助理主界面

（二）下载宝贝

如果以前上架的商品是直接从淘的网站上直接上架的（未使用淘宝助理），现在可以将已上架的商品下载到淘宝助理中（架上的商品并不会下架，只是数据显示在淘宝助理中，并可以在淘宝助理中进行编辑修改）。

单击主界面中的"下载宝贝"按钮，系统弹出"下载宝贝"页面。如果需要将所有架上的商品都下载到淘宝助理中，只要选择宝贝的时间范围（图 2-109）就可以，为了防止

因遇到下载失败的情况而造成下载停止，可以勾选"强制下载"复选框，然后单击"下载"按钮，下载操作就开始了。下载时间的长短取决于架上商品的数量。下载时有进度条实时显示下载的百分比。

图 2-109　下载宝贝

下载完成后，系统会给出提示，这时可以查看到出售中的宝贝数量是和店铺中一致的。而从出售的宝贝中可以查看到所有在架上的商品，如图 2-110 所示。选中其中的某一个商品就可以对它进行编辑了，如图 2-111 所示。

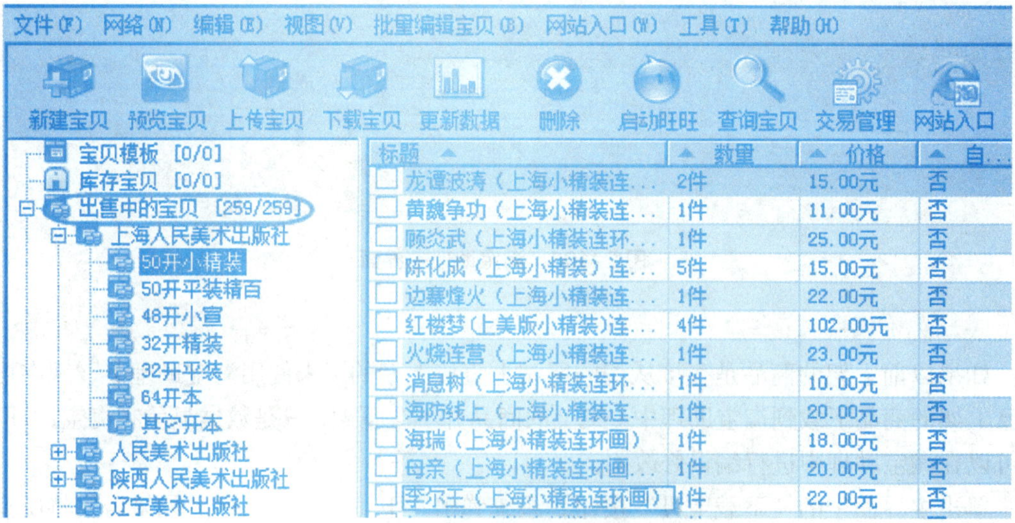

图 2-110　出售中的宝贝

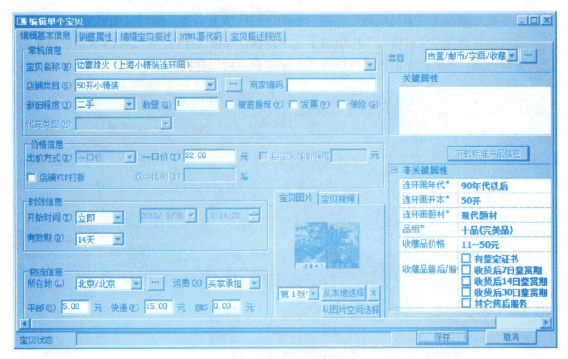

图2-111　编辑单个宝贝

这里的编辑商品主要是"编辑基本信息"和"编辑宝贝描述"两项。具体的编辑项目和在淘宝网上直接上架的项目是一致的（下面我们会介绍添加新商品，编辑与添加类似）。编辑好的商品可以再次以更新的方式上架（此内容后面会介绍）。

（三）添加新商品

（1）已经有类似商品在架上。对于已经有类似商品在架上的情况，添加新商品变得很简单。找到已经在出售中的宝贝中的类似商品（这里以"龙潭波涛"这本书为例），在该商品上右击，选择"复制宝贝"命令，如图2-112所示。

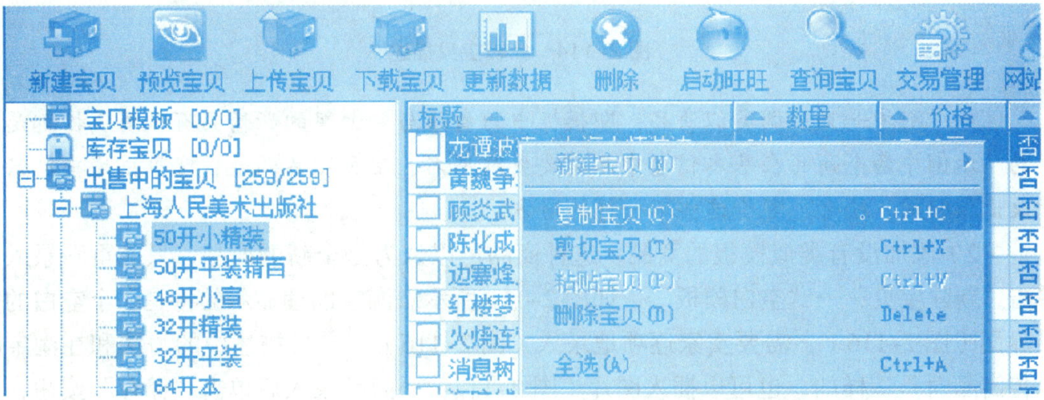

图2-112　复制宝贝

然后在左侧选择"宝贝模板",在右侧的空白区域上右击,执行"粘贴宝贝"命令。

这时会看到在"宝贝模板"中出现了一个模板,如图2-113、图2-114所示。单击它,进入编辑状态。将模板中的信息改成需要上架的商品后保存即可。

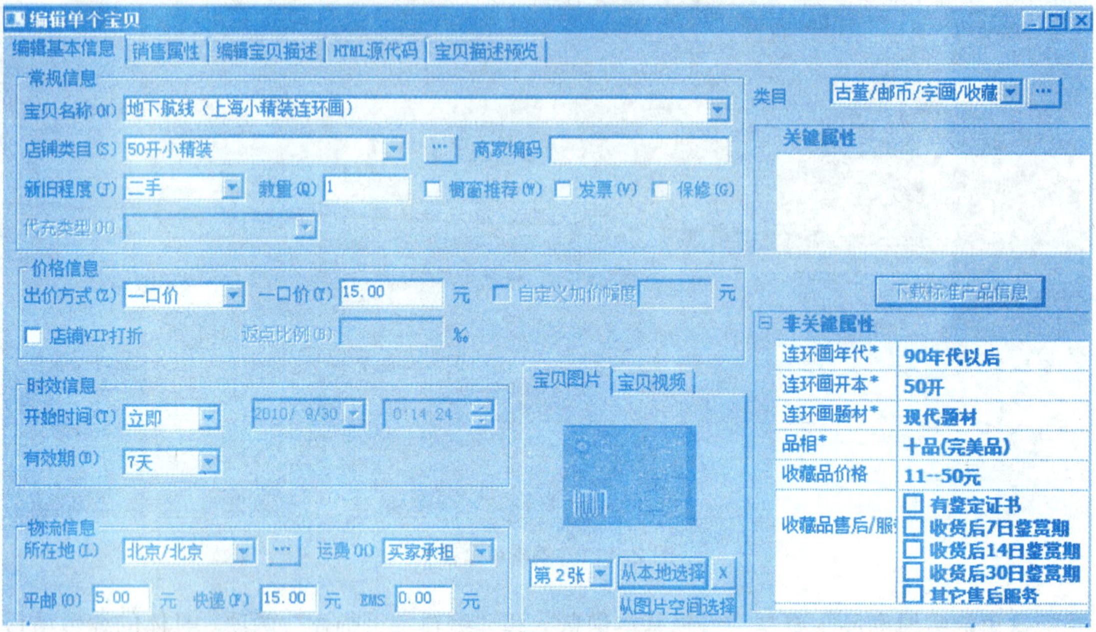

图2-113　编辑宝贝页面

图2-114　编辑宝贝描述

注意:刚才一直强调类似商品,即模板中的商品与要上架的新商品有很多属性都是一样的。示例中两个商品在基本信息中只需要更改书名、宝贝图片两处,宝贝描述中也只是修改出版时间、绘者、定价这些不一样的地方。

(2)添加没有类似模板的商品。这种商品可以认为是全新的商品,只能重新录入。单击"新建宝贝"→"空白模板",如图2-115所示。淘宝助理显示的将是一个空白的宝贝界面(图2-116),需要卖家逐项地录入(图2-116)。宝贝描述中的写法和在淘宝网上传商品时是一样的,也可以插入图片(图2-117)。商品录入后单击"保存"按钮,该新添加的商品将作为模板出现在"宝贝模板"列表中。

第二章　网上店铺的创建

图 2-115　新建宝贝

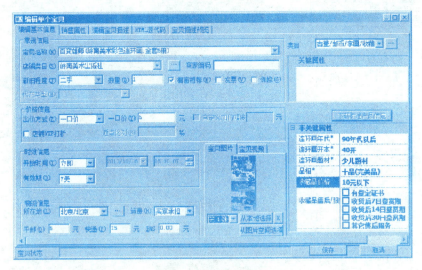

图 2-116　录入信息

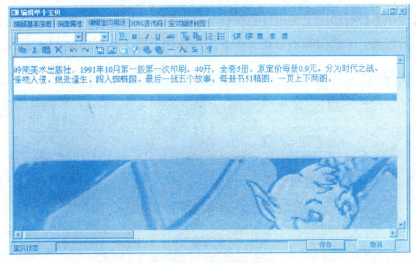

图 2-117　编辑宝贝描述

（四）上传宝贝

新添加的商品以及修改编辑的商品都需要上传到淘宝网"出售中的宝贝"列表中。先在淘宝助理中勾选要上传的宝贝（可以是宝贝模板中的新加商品，也可以是"出售中的宝贝"中修改过的商品），然后单击"上传宝贝"按钮。

如果为了防止因上传过程中出现意外而导致商品不能上传，可以勾选"强制上传"，然后单击"确定"按钮，如图2-118所示。

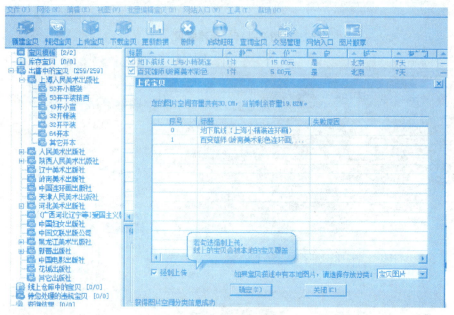

图2-118　上传宝贝

上传过程中系统会给出上传进度百分比，耐心等待。上传完成后，系统会给出提示（如果成功则显示成功，未成功的话会在失败原因中注明原因），如图2-119所示。

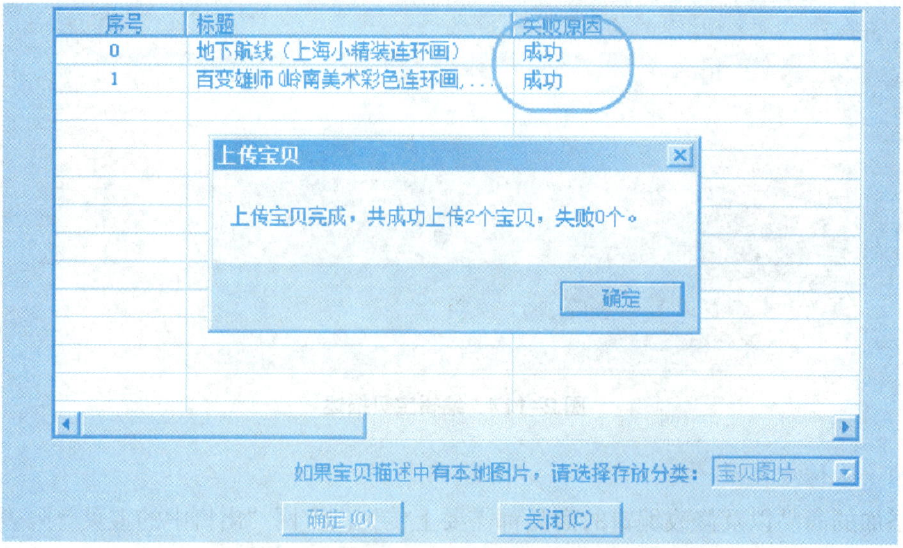

图2-119　上传成功

这时，登录淘宝网查看网店中的商品，就能看到新上架的这两个商品了。

（五）批量修改商品

在淘宝助理中勾选所有需要批量修改数据的商品，然后打开"批量编辑宝贝"菜单项，选择需要批量修改的属性，如图 2-120 所示。

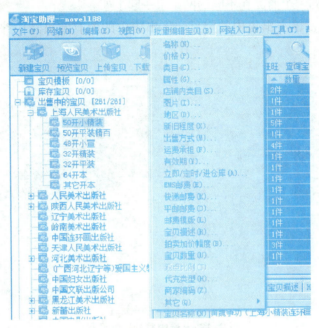

图 2-120　批量修改商品

（六）数据库备份

淘宝助理中的数据是以数据库的形式存在的，可以将保存好的数据备份，以便这些数据将来在另外一台电脑中也可以使用。

选择"工具"菜单中"备份数据库"（图 2-121），系统会弹出"数据备份"对话框（图 2-122），执行"浏览"命令，指定备份的位置（注意：最好不要放在操作系统所在的分区上），备份的文件名"userdb_bak"（默认名称），单击"确定"按钮。

图 2-121　备份数据库

图 2-122　数据备份

如果在另外一台电脑的淘宝助理中想使用这些数据,选择"工具"→"导入数据库",打开刚才备份好的"userdb_bak"文件即可。

这样通过备份/导入的方法只能在淘宝助理之间利用数据。

如果卖家同时在易趣、拍拍等网站上也开了相同的店铺的话,则可以利用淘宝助理、拍拍助理等工具将同一个商品在不同的网站上一起上架。

登录淘宝助理,单击出售中的宝贝。将出售中的所有宝贝选中并勾选,如图2-123所示。

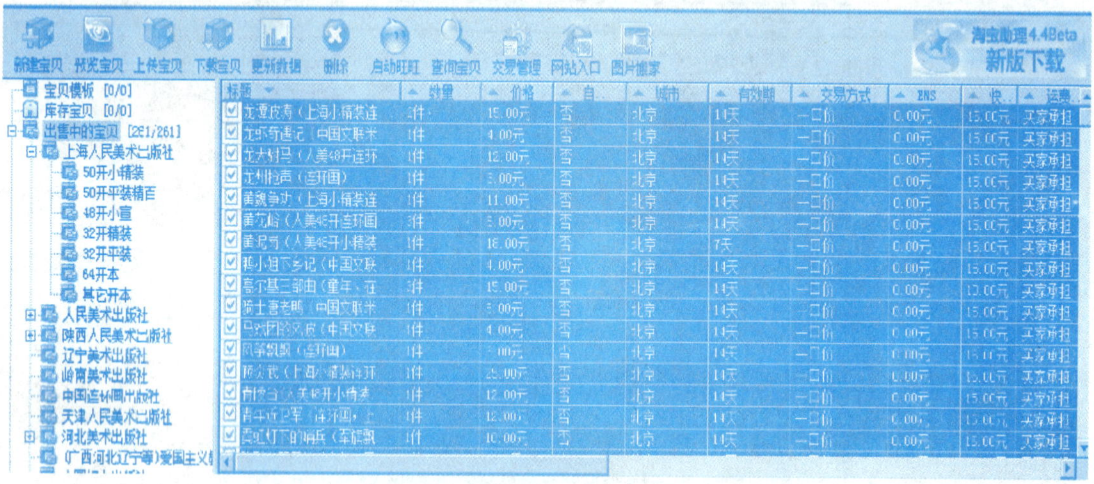

图2-123 选中要导出的商品

在选中的宝贝上右击,执行"导出到CSV文件"倒序,如图2-124所示。

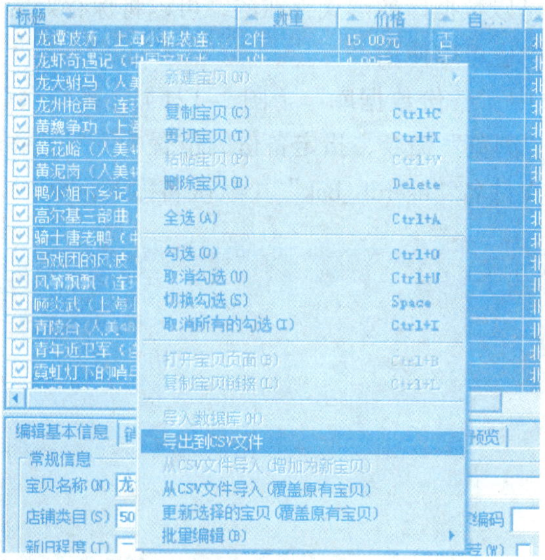

图2-124 导出到CSV文件

在接下来弹出的"另存为"对话框中指定保存位置，并为该文件起一个名称（文件扩展名为 *.CSV），然后单击"保存"按钮即可。

淘宝助理会自动保存一个 CSV 格式的文件（可用 Excel 打开），另外一个与文件同名的文件夹里存放的是所有商品的对应图片，如图 2-125 所示。

图 2-125　CSV 格式的文件

使用淘宝助理、拍拍助理等软件的用法类似，可以将这个 CSV 文件中的所有商品导入进来。如果使用的是淘宝助理，可以在模板中右击，然后执行"从 CSV 文件导入"命令，选择这个 CSV 文件即可将备份的商品记录导入淘宝助理中了。导入后的商品可以直接上架。

知识回顾

本章学习了创建店铺的全过程，包括淘宝店铺的运营及管理规则、创建店铺、上传宝贝、管理店铺、店铺的装修与布局的方法、淘宝交易过程及相关辅助软件的应用。

课后练习

1. 小陈一直向往自己创业，在不断地努力之下，终于成功开设了自己的淘宝店铺，并上传了商品，他兴奋地期待着自己的第一笔生意。

（1）在淘宝网成功注册并开设店铺。

（2）成功上传 10 件以上的商品。

2. 请您制订一份韩式风格的店铺装修计划。要求包括：

（1）店铺首页页头设计方案，包括店标的设计和店招的设计。

（2）店铺的配色方案。

（3）页面整体布局方案。

（4）宝贝描述的布局方案。

移动电子商务的发展

随着智能手机的普及,越来越多的人开始使用手机进行网络购物。通过各种手机客户端,买家轻轻松松地拍下一笔订单并成功支付。对于卖家来说,他们有更多的途径来展现自己的产品,因而越来越多的卖家开始加入手机店铺的行列,同时也因为这种购物方式的方便快捷,被称为"移动电子商务"的新兴模式开始受到各界的关注。

移动电子商务(M-commerce)是由电子商务(E-commeree)的概念衍生出来的,电子商务以 PC 机为主要界面,是"有线的电子商务";而移动电子商务,则是通过手机、PDA(个人数字助理)这些可以装在口袋里的终端与人们谋面,无论何时、何地都可以进行。有人预言,移动商务将决定21世纪新企业的风貌,也将改变生活与旧商业的"地形地貌"。

一、第一代移动电子商务

第一代移动电子商务系统是以短讯为基础的访问技术,这种技术存在着许多严重的缺陷,其中最严重的问题是实时性较差,查询请求不会立即得到回复。此外,由于短讯信息长度的限制也使得一些查询无法得到一个完整的答案。这些令用户无法忍受的严重问题也导致了一些早期使用基于短讯的移动商务系统的部门纷纷要求升级和改造现有的系统。

二、第二代移动电子商务

第二代移动电子商务系统采用基于 WAP 技术的方式,手机主要通过浏览器的方式来访问 WAP 网页,以实现信息的查询,部分地解决了第一代移动访问技术的问题。第二代的移动访问技术的缺陷主要表现在 WAP 网页访问的交互能力极差,极大地限制了移动电子商务系统的灵活性和方便性。此外,WAP 网页访问的安全问题对于安全性要求极为严格的政务系统来说也是一个严重的问题。这些问题使得第二代技术难以满足用户的需求。

三、新一代移动电子商务

新一代的移动电子商务系统采用了基于 SOA 架构的 Web Service、智能移动终端和移动 VPN 技术相结合的第三代移动访问和处理技术,使得系统的安全性和交互能力有了极大的提高。第五代移动商务系统同时融合了 5G 移动技术、智能移动终端、VPN、数据库同步、身份认证及 Web Service 等多种移动通信、信息处理和计算机网络的最新前沿技术,以专网和无线通信技术为依托,为电子商务人员提供了一种安全、快速的现代化移动商务办公机制。

四、移动互联网应用

移动互联网技术应用和无线数据通信技术的发展,为移动电子商务的发展提供了坚实的基础,推动了移动电子商务发展的技术不断涌现,主要包括无线应用协议(WAP)、移动 IP 技术、蓝牙技术(Bluetooth)、通用分组无线业务(GPRS)、移动定位系统(MPS)、第三代移动通信系统(5G)、移动电子商务等提供的服务。

商品的分类与上传

【知识目标】
1. 了解淘宝店铺商品的分类原则。
2. 了解淘宝店铺图片的选择原则及获取渠道。
3. 了解淘宝助理的使用方式。

【技能目标】
1. 掌握对商品分类的实践操作步骤。
2. 能够使用淘宝助理上传数据包。

【知识导图】

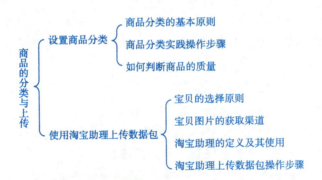

案例导入

每个人心中都有一个"造梦机"

她是一个平凡的山东农家女孩,从小患有弱听,面对择业她毅然决定放弃大城市返乡创业,用乐观的心态和创新的意识,寻找到一条通向自己梦想的路。

从 2010 年 3—6 月,仅仅 3 个月的时间,她的淘宝店快速成长为三钻。"我要让来店里购物的人们享受到邻家小妹般温暖贴心的服务,如同在品尝一个家制的红豆馍馍一样随意自在。"这是一个 85 后女孩的创意和决心,她就是网店"小雪出品"的卖家赵雪。

因小时候被错打了庆大霉素导致弱听,这让赵雪一直模糊地觉得自己跟别人不一样，会走一条不寻常的路。她希望有一天能在自己把控的环境里工作和生活，而不会因为听力造成太多的障碍。但创业谈何容易，意识到梦想和现实的差距，赵雪不得不加入大学生的择业大军中。

2008年，赵雪从物流管理专业毕业，开始在北京四处寻找工作。一番周折之后，她终于找到了一份在货运公司做销售的工作。但因为听力问题，赵雪的工作开展得并不顺利。底薪每月仅800元，而当时房租就要900元，在北京这样的大城市里，对赵雪来说是"压力多过诱惑"。她毅然决定：返乡！在家人的安排下，赵雪无奈地做起了银行柜台的工作，但听力不足仍然影响着她和别人面对面的交流。"我必须找到一个扬长避短的方式。"赵雪说。

2009年，赵雪从网上看到很多人通过淘宝开店，她一下被吸引住了。在互联网上交流，可以让她通过屏幕与外界沟通，而免去了线下对话的尴尬，这不正是她所期待的吗？2009年8月的一天，赵雪应聘去杭州一家淘宝网店里工作。经过大半年的时间，在完全掌握网店的流程和技巧之后，2009年年底，赵雪决定离开杭州，再次返乡，开一家自己的淘宝店。"在一些二、三线城市，很多人知道网络购物但还不怎么会用，这是一个等待被培育的市场，开店的思路肯定没有错。"赵雪自信而乐观，她认为相比线下开店，淘宝涉及的资金少，但面对的消费者更多。简单筹到一些启动资金后，2010年3月，赵雪正式为自己的店铺设计了"小雪出品"的品牌，阿里旺旺ID名叫作"红豆馍馍"，淘宝店正式开张。好友王丹也被她的创业热情和想法感染，两人一起开始了创业之旅。

赵雪一开始需要在本地寻找货源，和王丹反复商量后，两人决定选择服装行业。虽然在淘宝上销售服装的商家非常多，但是服装的刚性需求是显而易见的，而且门槛不高、技术含量相对较低。但是，服装的范围太广泛了，要想在淘宝目前的市场状况下迅速立足并建立自己信誉度的方法就是借助品牌。

寻找品牌成为赵雪不得不面临的一个难题。许多经销商都不愿意把东西批发给她，因为担心网络销售会给线下店造成影响。终于有一家××的经销商勉强愿意让赵雪代销产品，但只答应给她3000件过季的囤货，且折扣很高。

赵雪如获至宝："××的品牌认知度比较高，这样市场教育成本就大大降低。"赵雪跟商家谈妥不做进货，只是先把照片展示在网上，如果有人购买，再去拿货。靠着这样节省成本的"无仓储销售"，赵雪的"小雪出品"正式开张了。

"那是开店后的第三天，是一个江西买家，拍了一件黄色T恤，成交价格25元。"回忆起当时的情景，赵雪如数家珍，虽然只有25元的，但是意义非凡，自己的努力终于得到了市场的回应，两个小姑娘很兴奋。有了一单、两单、三单……订单渐渐多了起来。20天过去了，小雪出品升了一钻，又过了30天，二钻……到2010年5月20日的时候，店铺已经突破了三钻，这离她们开店3个月不到。面对这样的成绩，赵雪知道自己已经找到实现梦想的路。

当时，淘宝上已经有海量商品，××的品牌销售淘宝店也有很多，如何从这些种类繁多的类目和店铺中突围？赵雪有了自己的创意："小雪出品"不仅是一个店铺名，而是一个品牌。通过"小雪出品"这个品牌，就像邻家小妹一样，亲切、朴实、热情，让客户感受到满是笑脸的服务态度，而"出品"则让人联想到品质和质量的保证。"在淘宝这个大市场中，要想赢得客户，产品的质量和服务同等重要。"

虽然拿到的只是一件普通的衣服，但是在她巧妙的创意搭配之下，T恤展示出了不同的特质。与其他卖家不同的是，赵雪面对每一个客户不仅热情，还积极帮他们推荐合适的搭配。胖人应该怎么穿，矮人应该怎么穿，"小雪出品"都会精心地为客户设计好。"接下来我们将选择更多的服装品牌做代销，新品和旧品做搭配，让消费者有更多选择。"她说。从产品上架、到期下架、检查橱窗位，到加入直通车、导入导出数据包、寻找类目等，赵雪都能应付自如。"淘宝客的推广能帮我们增加单品的购买量，而直通车的推广可以帮助我们'小雪出品'品牌更多地为人所知。"对于网店经营，她见解颇深："小雪出品"要塑造一种平凡人也能做非凡事的感觉，"一件普通的衣服也可以穿得精彩，一个平凡人也可以创造奇迹。"

案例分析：

如今，网购已经是许多人的一种生活方式，足不出户，轻轻按一下鼠标或者点一下手机，就能买到特色商品。随着网购的人越来越多，网上开店以其准入门槛较低吸引了一批又一批的"卖家"。如何让自己的网店有个性，使店铺的宝贝让更多的人知道，需要卖家花一定的心思。

第一节　设置商品分类

合理的分类可以使店铺的商品类目更加清晰明了，方便买家快速浏览与查找其想要的宝贝。如果在淘宝店铺中发布的宝贝数目众多，那么合理的分类就显得尤为重要。

一、商品分类的基本原则

宝贝分类管理包括以下两方面：一方面是录入宝贝时的类目，这个是由开店平台提供的；另一方面是在网店装修时的宝贝分类，这个是卖家根据宝贝的特点自行设置的。这两个分类无论哪个做得不好，都会影响宝贝的销售。如果产品分类选择不正确，客户就无法搜索相应的产品信息，所以正确进行宝贝分类管理就显得非常重要。通常，宝贝的分类需

遵循以下原则。

（一）根据行业分类

根据自己的行业经验进行分类，先选择大行业类目，再选择二级类目，然后选择三级类目，以此类推。例如，南极人保暖内衣，它所在的类目应该是"女士内衣/男士内衣/家居服→保暖衣→南极人"。

（二）使用类目自动匹配功能

类目自动匹配功能是一个非常方便、实用的功能。它可以帮助卖家在众多类目中快速查找合适的类目，但很多卖家不会用或者没有用好这个功能，主要问题在于产品名称不准确或加了太多修饰词。简单准确的产品名称更容易匹配到正确的类目。

例如，在类目搜索中输入"南极人保暖内衣"，系统自动显示"女士内衣/男士内衣/家居服→保暖衣""居家日用/厨房餐饮/卫浴洗浴5元以下特价区""女士内衣/男士内衣/家居服保暖衣"3个类目，用户可根据实际情况判断应该选择哪个类目。

（三）宝贝分类设置与类目相符

宝贝分类设置尽量与淘宝提供的类目相符，如经营的产品有男装、女装和童装，那么就要按照男装、女装和童装来分类。

（四）按照多款式分类

如果产品种类多，还可以按照服装的款式来设置二级分类。例如，"童装→男童装""童装→女童装"。

（五）按照颜色、花色分类

为了方便顾客查找，还可以将产品按照颜色、花色等进行分类。例如，"连衣裙→粉色""连衣裙→印花"等。

（六）为商品分成多个类别，提供多个入口

尽量为宝贝多提供一些入口。例如，一条粉色V领连衣裙可以放在多个分类下。例如，"女装→连衣裙""女装→粉色""连衣裙→V领"。这样，买家在寻找不同样式的服装时都会看到这件连衣裙。

（七）生僻产品参考其他类目

对于一些不常见的生僻产品，可以在淘宝网首页的搜索框中输入该产品的名称进行搜索，然后查看其所使用的类目，以作为参考。

二、商品分类实践操作步骤

步骤一：

根据店铺需要上架的产品，对产品进行分类，并填写宝贝栏目分类记录表，见表4-1。

第三章　商品的分类与上传

表 3-1　淘宝店宝贝栏目分类记录表

序号	分类	产品特性	具体商品
1	促销专区	促销、满减、包邮、特价	商品名称介绍
2			
3			
4			
5			
6			

步骤二：

登录淘宝，进入千牛卖家中心"免费开店"，在界面上方"店铺"中选择"宝贝分类管理"选项，如图 3-1 所示。

图 3-1　选择"宝贝分类管理"选项

步骤三：

在选项左侧选中"宝贝管理"，单击"添加手工分类"按钮，如图 3-2 所示。

图 3-2　添加宝贝分类

步骤四：

选择左侧已经在店铺销售的商品，单击"添加分类"下拉按钮，添加至合适的分类，如图 3-3 所示。

图 3-3　添加商品到合适分类

步骤五：

单击刚才选择的新分类，右侧显示新商品已经分类好，如图 3-4 所示。

图 3-4　将宝贝移动至新的分类

三、如何判断商品的质量

在分类完成后，还需进行"望""闻""问""切"等工作。

（一）"望"

这是检验商品质量的第一步。"望"就是检验商品，仔细查看做工，检验各处细节，查看商品的出厂合格证和商标，看商品是否符合进货要求。同时也让店铺经营者对商品的品质有初步的了解。

（二）"闻"

这是对商品行情进行了解。因为一般所采购的商品均来自上游的批发商，同时要对其他供应商的价格和品质做到了解，争取能采购到品质最好的、价格相对低廉的商品以增加网店宝贝的竞争力。最重要的是了解供应商的折扣规则、批发规则、保修期限以及换货、退货、退款规则等。

在供应商处得到的信息可以用在商品描述中，能让消费者了解保修期限、换货、退货、退款规则，有利于商品的销售。

（三）"问"

以铁质的工艺品小推车为例，要问构成工艺小推车的材质是什么，是如何做工的。如果是服装类，就需要多"问"纺织品的面料、工艺、印染等工艺复杂，需要了解的内容比较多。

（四）"切"

在这个环节中，需要和供应商着重谈以后供货的时间，确定如何采购，敲定和供应商的合作细节，最好能和供应商长期合作。

网店宝贝定价技巧

一、网上商品定价目标

在实施定价前，先要确定自己的定价目标。定价目标是卖家希望通过制定产品价格要求达到的目的。这个目的，决定了卖家选择什么样的定价方法。

这套奥运金币是用来促销的，定价应该是淘宝最低价，搜一下同类产品，最低是7000元，我就定6999元。

网上商品的定价目标不是单一的，它是一个多元的结合体。下面就是一些常用的定价目标：

（1）以获得理想利润为目标。
（2）以获得适当的投资回报率为目标。
（3）以提高或维持市场占有率为目标。
（4）以应付或防止竞争为目标。
（5）以树立形象为目标。

二、网上商品定价策略

有了目标，下面就要掌握一些定价策略了。

网上开店的定价是一种艺术，每个人都有可能把这种艺术发挥到极致。许多网上成功卖家的定价策略如下。

店铺运营

(一)产品组合定价策略

把店铺里一组相互关联的产品组合起来一起定价,而组合中的产品都是属于同一个商品大类别。例如,男装就是一个大类别,每一大类别都有许多品类群。男装大类里有西装、衬衫、领带和袜子几个品类群,我们可以把这些商品品类群组合在一起定价。这些品类群商品的成本差异,以及顾客对这些产品的不同评价,再加上竞争者的产品价格等一系列因素,决定这些产品的组合定价。产品组合定价可以细化分为以下几个方面:

(1)不同等级的同种产品构成的产品组合定价。这类产品组合,可以根据这些不同等级的产品之间的成本差异,买家对这些产品不同外观的评价,以及竞争者的产品价格,来决定各个相关产品之间的价格。

如果高档品和低档品的价格差不多,那我就会买高档品;如果两者差额大,我就只能买低档品了。

(2)连带产品定价。这类产品定价时,要有意识地降低连带产品中购买次数少、顾客对降价比较敏感的产品价格。提高连带产品中消耗较大、需要多次重复购买、顾客对它的价格提高反应不太敏感的产品价格。

世上只有买错的,绝不会有卖错!

(3)系列产品定价。对于既能单个购买,又能配套购买的系列产品,可实行成套购买价格优惠的做法。由于成套销售可以节省流通费用,而减价优惠又可以扩大销售,这样流通速度和资金周转大大加快,有利于提高店铺的经济效益。很多成功卖家都是采取这种定价法。

买一件西服上衣,打九折;买一套带领带、背心的西服套装,打七折。还是买整套装划算!

(4)把同种产品,根据质量和外观上的差别,分成不同的等级,分别定价。这种定价方法一般都是选其中一种产品作为标准品,其他分为低、中、高三档,再分别定价。对于低档产品,可以把它的价格逼近产品成本;对于高档产品,可使其价格较大幅度地超过产品成本。但要注意一定要和顾客说清楚这些级别的质量是不同的。

我买低档品，就是图便宜；如果要送人，就要买贵的高档品了。

（二）阶段性定价策略

阶段性定价是指根据商品所处市场周期的不同阶段来定价。

（1）新上市产品定价。这时由于产品刚刚投入市场，许多消费者还不熟悉这个产品，因此销量低，也没有竞争者。为了打开新产品的销路，在定价方面可以根据不同的情况采用高价定价方法、渗透定价方法和中价定价方法。

对于一些市场寿命周期短，花色、款式翻新较快的时尚产品，一般可以采用高价定价。

在网上消费者中，有一些收入较高的白领，他们对新产品有特别的偏好，愿意出高价购买全新的产品。

对于一些有较大潜力的市场，能够从多销中获得利润的产品，可以采用渗透定价方法。这种定价方法是有意把新产品的价格定得很低，必要时甚至可以亏本出售，以多销产品达到渗透市场、迅速扩大市场占有率的目的。

对一些经营较稳定的大卖家可以选择中价定价。这种方法是以价格稳定和预期销售额的稳定增长为目标，力求将价格定在一个适中的水平上。

（2）产品成长期定价。产品进入成长期后，店铺生产能力和销售能力不断扩大，表现在销售量迅速增长，利润也随之大大增加。这时候的定价策略应该是选择合适的竞争条件，能保证店铺实现目标利润或目标回报率的目标定价策略。

（3）产品成熟期定价。产品进入成熟期后，市场需求已经日趋饱和，销售量也达到顶点，并有开始下降的趋势，表现在市场上就是竞争日趋尖锐激烈，仿制品和替代品日益增多，利润达到顶点。在这个阶段，一般采用将产品价格定得低于同类产品的策略，以排斥竞争者，维持销售额的稳定或进一步增长。

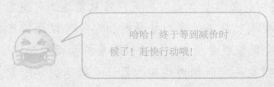

哈哈！终于等到减价时候了！赶快行动哦！

这时，正确掌握降价的依据和降价幅度是非常重要的。一般应该根据具体情况来慎重考虑。如果你的产品有明显的特色，有一批忠诚的顾客，这时就可以维持原价；

如果你的产品没有什么特色，就要用降价方法保持竞争力了。

降价时要千万小心，以免引起价格战，最终导致店铺亏损。那可就划不来了！

（4）产品衰退期定价。在产品衰退期，产品的市场需求和销售量开始大幅度下降，市场已发现了新的替代品，利润也日益缩减。这个时期常采用的定价方法有维持价格和驱逐价格两种方法。

如果你希望处于衰退期的产品继续在顾客心中留下好的印象，或者是希望能继续获得利润，就要选择维持价格。维持性定价策略能否成功，关键要看新的替代品的供给状况。如果新的替代品满足不了需求，那么你还可以维持一定的市场；如果替代品供应充足，顾客肯定会转向替代品，这样一定会加速老产品退出市场的速度，这时即使你想维持，市场也不会买你的账了。

对于一些非必需的奢侈品，它们虽然已经处于衰退期，但它的需求弹性大，这时你可以把价格降低到无利可图的水平，将其他竞争者驱逐出市场，尽量扩大商品的市场占有率，以保证销量、回收投资。

驱逐价格一般只在成本水平上定价，有时还可以低于成本。

（三）薄利多销和折扣定价策略

网上顾客一般都在各个购物网站查验过同样产品的价格，所以价格是否便宜是顾客下单的重要因素。怎样定出既有利可图，又有竞争力的价格呢？

（1）薄利多销定价。对于一些社会需求量大、资源有保证的商品，适合采用薄利多销的定价方法。这时你要有意识地压低单位利润水平，以相对低廉的价格，增大和提高市场占有率，争取长时间内实现利润目标。

（2）数量折扣定价。数量折扣是对购买商品数量达到一定数额的顾客给予折扣，购买的数量越大，折扣也就越多。采用数量折扣定价可以降低产品的单位成本，加速资金周转。数量折扣有累积数量折扣和一次性数量折扣两种形式。

累积数量折扣是指在一定时期内购买的累计总额达到一定数量时，按总量给予的一定折扣，如我们常说的会员价格；一次性折扣是指按一次购买数量的多少而给予的折扣。

要决定最佳的、最合理的折扣率很困难，店铺应根据自身情况来酌情制定。

（3）心理性折扣定价。当某类商品的牌子、性能、寿命不为顾客所了解，商品市场接受程度较低的时候，或者当商品库存增加、销路又不太好的时候，采用心理性折扣定价，一般都会收到较好的效果。因为消费者都有喜欢折扣价、优惠价和处理价的心理，你只要采取降价促销手段，这些商品就有可能在众多的商品中脱颖而出，抓住顾客的眼球，大大提高成交的机会。当然这种心理性折扣，必须要制定合理的折扣率，才能达到销售的目的。

（四）分析买家的心理，投其所好定价策略

消费者的价格心理主要有以价格区分商品档次的心理、追求名牌心理、追求廉价心理、买落不买涨心理、追求时尚心理、对价格数字的喜好心理等。在商品定价过程中，必须要考虑顾客在购买活动中的某种特殊心理，从而激发他们的购买欲望，达到扩大销售的目的。

不要追求暴利，但也不能无利，更不能贴利，利润是网店生存的根本，也是你生存的基本。

三、网上商品定价方法

（一）分割定价法

定价如果使用小单位，可以使顾客在心理上有种"捡"到便宜的感觉。价格分割有以下两种形式：

（1）用较小的单位定价。例如，每千克1000元的人参，定成每克100元；小麦每吨2000元，定成每千克2元。

（2）用较低单位的商品价格比较法。例如，"每天少抽一支烟，每日就可订一份牛奶"。

不要认为买家不会算账，你要尽量使用小单位，千万不要玩数字游戏，使买家的利益受损。

（二）同价定价法

我们生活中常见的"一元店"，采用的就是这种同价定价法。因此，把你网店里的一些价格类似的产品定为同样的价格销售。这种方法干脆简单，省掉了讨价还价的麻烦，对一些货真价实、需求弹性不大的必需品非常有用。

你可以在店铺中设立10元专区、50元专区、赠品专区等分类，这样的商品目录很清晰，便于顾客选择。

（三）数字定价法

这种方法属于心理定价策略。例如，"8"和"发"经常被人联系在一起，所以用"8"来定价，可以满足顾客想"发"的心理需求，所以一般高档商品的定价都会带有8字。另外，经过多次试验表明，带有弧形线条的数字，如5、8、0、3、6容易被顾客接受，而1、4、7不带弧形线条的数字就不太受欢迎。

怪不得商场、超市的商品销售价格中，一般都是带有8、5数字的定价，基本见不到1、4、7的数字的定价。

在定价的数字应用上，要结合中国国情，尽量选用能给人带来好感的数字。例如，很多中国人都喜欢"8""9"等数字，会认为这些数字能给自己带来好运，但大部分人都不喜欢"4"这个数字，因为"4"和"死"同音。

我喜欢6字，六六大顺！

（四）低价安全定价法

低价安全定价法属于薄利多销的定价策略。网上商品天生就有低价的优势，试想如果你的商品定得比超市价格还高，谁还会来买？这种定价方法比较适合快速消费品直接销售，因为它有很大的数量优势。低价，可以让他们的产品很容易被顾客接受，优先在市场上取得领先地位，所以如果你能够做厂家的网络营销代理，就可以采用这种低价安全定价法。

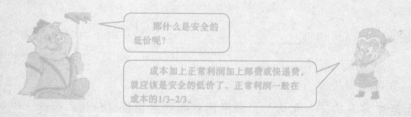

那什么是安全的低价呢？

成本加上正常利润加上邮费或快递费，就应该是安全的低价了。正常利润一般在成本的1/3~2/3。

（五）运费的制定要合理

在定价时，要注意运费的设置要合理。在网上一般卖家承担运费会让买家很高兴。所以卖家完全可以把邮费算到商品的价格里。例如，商品标题是"一口价包邮烤面包机仅需35元"。这样顾客一旦选择了你的商品就可以清楚地知道自己要付出的价钱，这类定价一般适合小物品，如邮票、书籍、CD等。

此外，还有一种常见的定价方法，由买家承担运费。例如，平邮5元、快递15元等。对于服装、包包、饰品等不太重的宝贝，这种定价是合理的，买家也容易接受。

网上顾客最不喜欢的做法是，卖家把商品价格定为1元，但邮费却定为30元、50元甚至更高。这会使买家有明显受到愚弄的感觉。

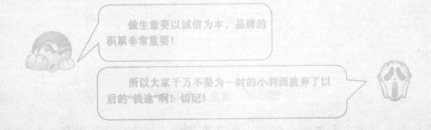

四、网上商品定价的基本原则

网上商品定价一定要遵从稳定性、目标性和盈利性的原则。

稳定性是指同类产品价格不要在很短时间内波动很大，特别是降价。这样做的结果会使老顾客感觉上当，新顾客又会驻足观望。目标性是指你要时刻注意你的产品消费群体，因地因时制定价格，不要把低档品高价卖出。盈利性是指不要打价格战，这样对谁也没有好处。对于卖家来说，因为利润太低甚至亏本，势必会降低质量和服务；而对于买家来说，因为价格太低，也会对产品质量产生怀疑。

我们这里讲的网上商品定价策略和技巧只是一些理论知识，需要你根据实际情况融会贯通。只要你不断地总结所从事行业的特点，相信一定会找到商品定价的最佳平衡点。

触类旁通：

淘宝助理作为卖家辅助工具有着强大的功能，卖家同样可以利用淘宝助理来设置和修改商品的分类。

例如，登录淘宝助理后，让当前界面和淘宝店铺同步。我们会发现淘宝中的宝贝和分类目录正是淘宝上所设置的（图3-5）。

图 3-5 淘宝助理同步

卖家发布商品时由于疏忽，把有几种夏季款的沐浴液错误地放置在卧室用品栏目中。此时如何把这些商品改回原来的浴室用品类目中的夏季款子分类项中呢？我们可做如下调整：

(1) 选中需要更改的商品并勾选商品标题前的复选框。

(2) 单击"选分类"按钮，然后会弹出如下对话框（图 3-6）。

图 3-6 店铺宝贝分类修改

(3) 选择浴室用品目录下的夏季款子分类。

(4) 如图 3-7 所示，单击"保存"按钮，这个时候该宝贝已经移至规定的类目中。

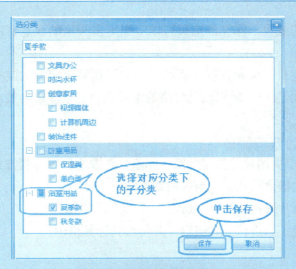

图 3-7　店铺宝贝分类选择

实战训练：

（1）参照淘宝首页中商品的所有类目，给以下几种商品"可擦洗覆膜防水特大号有盖衣物收纳箱""康玛士户外医药包""Koluz LED 红外线人体自动双感应小夜光灯"选择一个合适的类目，并在卖家中心设置该类目和其中的子分类项。

（2）根据你所学的商品定价知识为"可擦洗覆膜防水特大号有盖衣物收纳箱""康玛士户外医药包""Koluz LED 红外线人体自动双感应小夜光灯"制订几套价格方案并写明原因。假设这三种商品的进货价分别为 8 元、30 元、25 元。

第二节　使用淘宝助理上传数据包

商品的图片处理和文字的排版及上传需要花费很多的时间。如果供应商提供了该产品信息的数据包，使产品信息的制作和上传工作更加简单。

一、宝贝的选择原则

选择好的宝贝上传是店铺成功的第一步，选择店铺商品的方法如下：

（1）性价比高的宝贝。把在同类产品具有一定性价比优势的宝贝作为第一选择。

（2）选择正在热销的商品，也就是所谓的人气宝贝。

（3）命名准确的宝贝。命名准确的宝贝能大大增加搜索概率，获得更多的展示机会。

（4）图片精美的宝贝。漂亮的宝贝可以吸引更多买家的注意，同时也给店铺的其他宝贝争取了展示机会。

（5）低价位的宝贝。买家在搜索产品时，为了找到更便宜的宝贝，很多买家喜欢按照价格排序方式来搜索宝贝，所以较低价格的宝贝也会有较多机会展示在买家面前。

二、宝贝图片的获取渠道

在淘宝上开店，宝贝图片是买家的第一印象。获取宝贝图片的方式有以下3种：

（1）供应商直接提供或从供应商的网站下载。

（2）拍摄产品照片或扫描产品手册。

（3）用图片处理工具进行图片编辑，并传送到计算机中。

三、淘宝助理的定义及其使用

淘宝助理是一款免费客户端工具软件，使用它可以不登录淘宝网就能直接编辑宝贝信息，快捷批量地上传宝贝。淘宝助理也是上传和管理宝贝的一个店铺管理工具。它的特色有巧用模板，快速发布；编辑数据，轻松自由；批量操作，省心省事；售后保障服务同步完成。

淘宝助理在上传过程中的常见问题如下。

（一）淘宝助理上传空间新图片无法一次性上传10张

解决方法：出现选择图片窗口后，按住Ctrl键不放，然后用鼠标单击需要上传的10张图片即可。

（二）淘宝助理上传宝贝无法填写数量

解决方法：原因是该宝贝还具有销售属性，单击"销售属性"面板（基本信息右边），填写数量即可。

（三）用户自定义属性ID和自定义属性值不能一一匹配

解决方法：

（1）使用淘宝助理中的强制更新数据功能，强制更新后再上传。

（2）打开淘宝助理，导入数据包，选择一个商品。商品信息右下方的关键属性中的品牌一栏可以看到"其他"。把下面那个品牌改成"其他品牌"，单击"保存"按钮后，再单击"上传"按钮即可。

（四）失败原因为"输入属性错误"

解决方法：

（1）宝贝是通过.CSV文件导入的，出现这样的问题是因为在制作了.CSV文件后，宝贝所在类目属性有所调整。使用淘宝助理的强制更新数据功能，强制更新数据后再对宝贝属性进行检查，然后单击"上传"按钮即可。

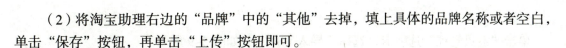

（2）将淘宝助理右边的"品牌"中的"其他"去掉，填上具体的品牌名称或者空白，单击"保存"按钮，再单击"上传"按钮即可。

（五）提示"引用 Picture 存在盗链"

图片盗链原因：因为淘宝规则是不允许一张图片同时出现在两家店铺里的，在用淘宝助理上传产品时，会自动检测图片链接是否源于淘宝网。

解决方法：利用淘宝助理的图片搬家功能将所有在售宝贝转移至淘宝图片空间内。如果是正在发布的宝贝出现这种情况，就需手动添加图片到相册空间或者直接手工上传至第三方相册的空间。

（六）出现非法 pid 错误的解决方法

解决方法：强制更新数据，然后将出现错误的宝贝再保存，这样就可以成功上传了。

（七）重复铺货

解决方法：这说明上传了完全相同的宝贝，不是批量编辑导致的错误，而是因为淘宝网禁止重复铺货。淘宝助理检测到有完全相同的宝贝上传后会禁止发布，否则会受到处罚。请检查是否存在重复的宝贝。

四、淘宝助理上传数据包操作步骤

步骤一：

下载安装淘宝助理后，使用淘宝用户名和密码登录，进入后台界面，如图 3-8 所示。

图 3-8　登录淘宝助理后台

步骤二：

单击"宝贝管理"选项卡，选择"导入 CSV"，如图 3-9 所示。

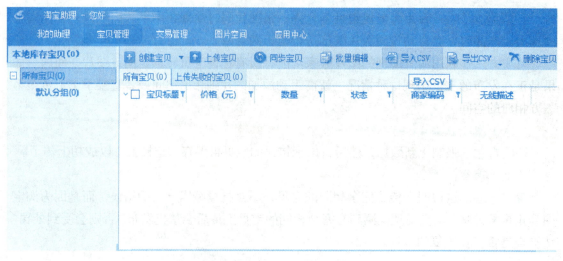

图 3-9　准备导入数据包文件

步骤三：

在弹出的对话框中，选择需要导入的数据包文件，如图 3-10 所示。

图 3-10　选择需要导入的数据包文件

步骤四：

导入完成后，显示数据包里的宝贝数据，单击"关闭"按钮。

步骤五：

在需要上传的宝贝上，双击打开"编辑宝贝"窗口，如图 3-11 所示。

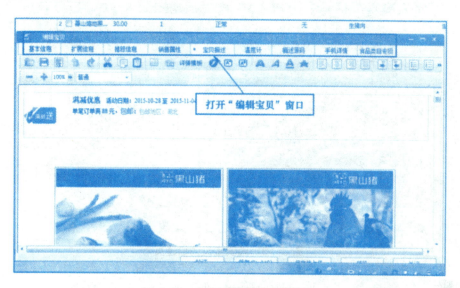

图 3-11　打开"编辑宝贝"窗口

步骤六：

在"编辑宝贝"窗口中，单击"基本信息"选项卡，进行基本信息项的修改，将标"*"项的必填内容填好，如图 3-12 所示。

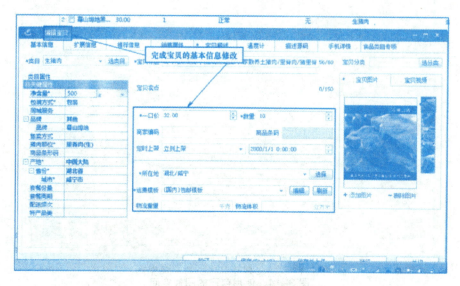

图 3-12　编辑宝贝的基本信息

步骤七：

单击"宝贝描述"选项卡，由于宝贝描述中所有的图片都存放于原数据包制作者的空间，而淘宝不能引用他人空间内的图片，故将其中的内容全部选中进行删除，如图3-13所示。

图 3-13　编辑宝贝的描述页

步骤八：

在"宝贝描述"选项卡中，通过按顺序添加已上传到自己图片空间的图片来完善宝贝描述页，并单击"插入"按钮，如图3-14所示。

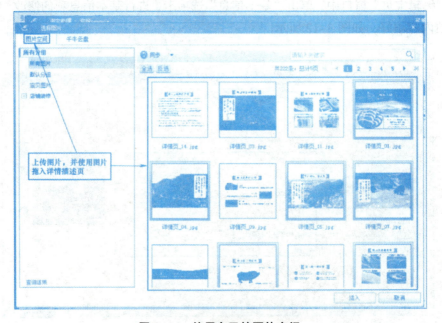

图 3-14　使用自己的图片空间

第三章　商品的分类与上传

步骤九：

宝贝描述页制作完成后，单击"保存并上传"按钮，如图 3-15 所示。

图 3-15　完成宝贝描述页编辑

步骤十：

在弹出的"上传宝贝"对话框中，单击"上传"按钮，如图 3-16 所示。

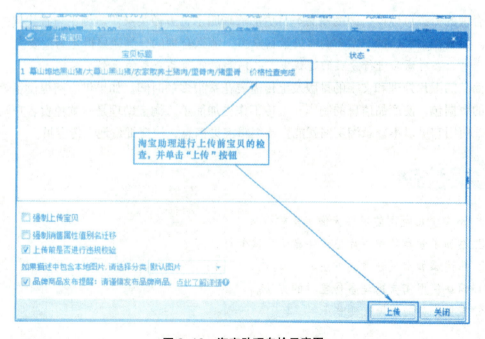

图 3-16　淘宝助理自检示意图

步骤十一：

宝贝上传成功，如图 3-17 所示。

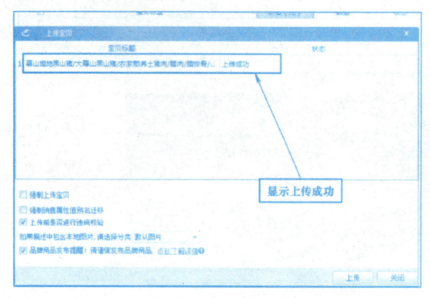

图 3-17　宝贝上传成功

知识回顾

合理的分类可以使店铺的商品类目更加清晰明了，方便买家快速浏览与查找其想要的宝贝。如果在淘宝店铺中发布的宝贝数目众多，那么合理的分类就显得尤为重要。

注意： 在对商品进行分类的过程中，必须要遵守商品分类的原则。

商品的图片处理和文字的排版及上传需要花费很多的时间。如果供应商提供了该产品信息的数据包，使产品信息的制作和上传工作更加简单。淘宝助理是一款免费客户端工具软件，使用它可以不登录淘宝网就能直接编辑宝贝信息，快捷批量地上传宝贝。

课后练习

1. 淘宝宝贝主图使用多大像素比较合适？
2. 添加了分类导航图片但无法显示应该怎样处理？
3. 简述添加宝贝分类的方法。
4. 简述使用淘宝助理备份宝贝的方法。
5. 宝贝分类的规则有哪些？

网店装修中的商品分类

  网店装修中的宝贝分类,是开店的卖家在前期布置店铺时的一项重要操作项目,根据店铺经营的类目不同、产品的本质不同,店铺的分类方式方法也有所不同,并不是同一类的宝贝,就一定要发布在同一类的类目之下。并且淘宝装修中的宝贝分类,是与发布商品时选择的"类目"毫无关系的。发布产品时选择的类目,是淘宝网给予准确的产品定位类目,而店铺装修中的宝贝分类是卖家为了方便买家购物的一个指引。

  宝贝分类既可根据品牌的不同、样式的不同、材质的不同进行综合分类,也可以单选其因素之一进行单品分类。这是什么意思呢?例如,我们在店铺中同时出售瓷碗、瓷盆、菜板、瓷质烟灰缸等产品,而我们则根据品牌的不同、样式的不同、材质的不同可以将这些宝贝进行任意的分类,即我们的宝贝分类可以根据用途进行分类。在其中一个类目中我们可以把类目命名为"瓷器",将瓷碗、瓷盆和瓷质烟灰缸放在这个"瓷器"的类目下。此外,我们还可以从用途的角度来进行分类,如其中我们可以把一个类目命名为"厨具",这样我们就可以把瓷碗、瓷盆和菜板放到这个"厨具"的类目下,就与烟灰缸无关了。

  综合分类的意思就是我们既可以通过用途进行分类,也可以通过材质进行分类,如我们模拟产品中的瓷碗,既放在"厨具"类目下的同时,又放到"瓷器"的类目下,这样顾客如果单击我们的类目进行选择产品时,就可以在所有与类目名称相关的类目下同时找到同一个产品了,无形中增加了产品的展示次数及展示效果。这也是在淘宝网开店宝贝分类技巧的一个重要方法。

  为了店铺宝贝分类更加全面、分类中添加更多的产品,我们可以利用价格的范围、材质的不同、用途的不同、品牌的不同,将所有出售的宝贝都尽量分布在多个类目当中,这样一旦顾客想要在店铺内利用类目进行搜索查看宝贝时,我们的商品都可以在多个类目中展示,同时也不会使顾客反感。这无疑是店内销售关联营销的一个好方法。

网店营销与推广

【知识目标】
1. 了解网上购物顾客的心理和行为分析。
2. 了解网店营销的常用手段。
3. 了解网店推广的形式和方法。

【技能目标】
1. 掌握网店营销的常见手段。
2. 能够使用淘宝直通车推广店铺。

【知识导图】

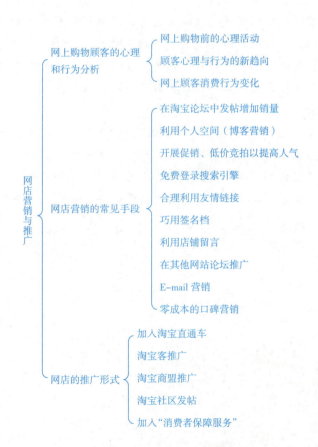

第四章 网店营销与推广

> **案例导入**

开网店也需要推广和策划

多少怀揣着满腔热血奋斗的青年在经历多年打拼,挣扎后选择了放弃,而另一些人却轻松的成功了。没错,在你选择自己人生那条辉煌的路上你做错了判断。

网络对于我们每个人来说都是熟悉不过的字眼,有人会说现在的人都拿着iPad、对着电脑给自己买喜欢的衣服和鞋子,这就是新新人类,一个不可缺少网络的天地,随之有了网购这样一种生活方式,足不出户,轻轻点一下屏幕,就能买到特色商品,"便宜"只是其中一个要素。

(一)

1988年出生的晓雨,早在我们北京微淘网商联盟刚成立的时候就开了个网店,产品主要定位在甜美路线的青春时尚服饰。一年左右的时间,晓雨店里每天都能接到20宗左右的订单,两年多时间已经积攒了不少"老客户"。当年,读计算机专业的她还找到了一份在IBM的体面工作,但她心里始终放不下网店。她毅然辞职,全身心地投入网店经营中。这位小姑娘就此当上了老板,很快就聘请了一名员工,专门负责与买家在网上洽谈,提供咨询服务。晓雨的目标很明确,她抓住了淘宝初期开展促销活动的契机使网店的业务量迅速提升,从二三个蓝钻突破并占有皇冠地位,如今已经成为"四皇冠"的实力卖家,好评度保持在99%以上。

不久,晓雨的网店又开始扩招员工,她面试了近十名应聘者。如今该店的经营已步入正轨,如网店页面的设计和更新由专门的技术人员负责;原来由晓雨一手经办的进货等环节,已交由采购员专职负责。此次招聘是由于仓库扩大,需要增加人员管理。晓雨本人则主要参与营销、活动策划等。晓雨认为,网店涉及方方面面,但核心竞争力还是产品本身。随着行业的逐渐规范化及商业化,若产品本身款式、质量等条件过硬,就不用担心卖不出去。

到现在,晓雨已经脱离了我们的货源,开始自己找人设计产品找厂家定做,为了使自己的产品更有价值,80%的产品都是特色商品,是经专门设计好模板后交由厂家生产的。同时,她的天猫店铺也在筹划当中,她采用了公司的运营模式,设计、推广、客服、查件、售后、批发以及投诉等岗位都安排专人负责。

(二)

北京的小雅是一名成功的网上卖家。小雅也是在北京微淘网商联盟开始初期开网店的,目前在淘宝网上成交量近7万件,好评度为98.85%。小雅认为,产品是最重要的,经营网店对人的最大要求则是要"嗅觉敏感",把握商机脉搏可适时转型。

"三皇冠"小雅在大学本科时读的是师范中文,2004年毕业后到了河北保定当一名中学语文老师。2008年,转至北京从事杂志发行。小雅的丈夫勇谦当时曾在同一座城市投资经营一家儿童影楼。影楼经营不太顺,上班攒下的钱都搭进去了。加上工作

店铺运营

遇到了瓶颈，一直想寻找别的机会。小雅说："听朋友说开网店是个不错的选择，主要是时间上很自由。"小雅的网店经历了几次转型，这对网店的生存和发展十分重要。刚开始时，网店只是小雅的试验田，在销售方向上并不太明确。她记得，仅需7、8件商品就可在网上开店了，于是她买来日用品（如居家收纳盒等），拿来数据包，上传至网店，就开始经营一个小店了。当时小雅的销售是被动的，更多时候是坐等生意上门。在前半年，每个月才卖出十几件商品，销售状况并不乐观。那段时间，小雅一直琢磨今后的发展方向。爱逛街的她发现，北京有不少品牌折扣店，许多衣服不但款式好看且折扣高，利润空间很大。另外，她从网上了解了更多的资讯，发现当时上海、深圳等地也有卖家在做类似的生意，且效果不错。于是她便尝试做某几个品牌的代购。第一次转型给网店的经营带来了质的突破，随后她还大胆地尝试压货，即一次性大批量投资换季成衣。到2011年初，小雅发现有越来越多都在跟风做同类产品的代购生意，竞争越来越大，商家间不停地展开"价格战"。她决定再次转型——通过代购时积累的人脉和信息资源，她了解了不少好货源，还多次跑到上海、广州等地的批发市场了解情况，后来将店铺的产品转为外贸成衣。

2011年4月中旬，一款偏成熟的刺绣连衣裙稳坐排行榜前列。这种刺绣连衣裙为小雅的网店带来了非常可观的销量。"在货源的选择上，要切合时下的流行热点和趋势，根据自己的观察和思考，热推某种系列的高端品牌"，是小雅的策划之一。此外，还有大大小小的促销活动的策划，都大大增加了网店的单击量。正如小雅所说，开网店的初期阶段靠的是苦力，只要勤奋，很多事情都能解决，因为问题本身比较简单；到了"后皇冠"时期，考虑的问题则是发展方向、营销策划等问题，因此，难度大了很多，也需要个人付出更多。

案例分析：

像晓雨和小雅这样的淘宝成功卖家的确占少数，她们都是在开店初期有段迷茫期，从开始不懂淘宝，经过我们的一步步指导，成长为自己策划、经营的精英，从我们提供货源开始，成长为自己设计产品，做外贸成衣，她们的发展过程让我们深思，她们的经营思路也值得我们去好好学习，记住：只要你用心做了，成功就离你更近一步！

第一节　网上购物顾客的心理和行为分析

在开自己的网店前，学习网上购物顾客的心理和行为分析对于制定网店的商品定位、销售策略、推广方法和形式起着指导作用。能否了解和掌握顾客的心理，对于网店的销售业绩有着关键性的影响。

一、网上购物前的心理活动

顾客在购物前的心理活动一般可分为3个阶段：需求的确定、购前学习和备选评价。

（一）需求的确定

需求的确定是非正式性的和非目的性的信息认知，有关信息可能成为购买动机的诱因。顾客浏览的目标网站大多是自己经常登录的、熟悉的网站，当然顾客也可能是漫游式进入某个网站，一旦发现有自己的兴趣点便会收藏或购买。

（二）购前学习

购前学习是指通过搜索引擎寻找和收集特定的品牌和商品信息。搜索时顾客要从搜索结果中访问众多不同的信息源，其有效性依赖于关键词以及其他搜索路标。搜索中收集到的信息有助于顾客达到发现某一品牌、某一商品的更多新信息。

（三）备选评价

备选评价是指在大信息量的信息集里对特定信息进行判断，从而达到品牌比较和商品比较的目的。实际上比较属于信息处理的过程，其目的性较强。有很多电子商务的平台网站和部分门户网站已经开始提供商品和品牌比较的功能，而这种实现比较的个性化需求恰恰是传统信息媒体难以做到的。

二、顾客心理与行为的新趋向

网络时代，顾客心理与行为有了新的趋向。

（一）顾客自我价值认识日渐提高，购买决策的自主性更强

在消费心理方面，网购的顾客正在变得更有主见、更易怀疑。大多数顾客表示，网络上第三方发表的评价比品牌厂商自己发布的信息更加真实可靠，同样越来越多的顾客认为他的需求与感受和别人有很大不同，在选择品牌与产品时，顾客会更有主见，较少听信品牌厂商的宣传介绍。另外，网购顾客们更加注重对信息"真实性"的把控，而不再只听厂商自我宣传，顾客会经常查看与关注那些由真实用户发表与分享的产品使用体验与回馈，据此全面了解从不同渠道得到的各种品牌/产品信息。这样获得的信息顾客认为会更加真实和可靠。

（二）顾客购买的自主决策意愿更加强烈

网络时代，顾客有自己的思想，他们愿意表达自己的观点，明白企业的营销策略会干扰他们的消费决策，甚至有时会发起一场"对抗营销"的讨伐。越来越多的顾客认为，如果一个品牌厂商不断通过各种广告宣传来试图影响或改变自己的想法，那么自己会感到厌烦并有逆反情绪的。在消费行为方面，顾客会花些时间与心思去琢磨品牌厂商通过各种广告到底想要传达什么样的信息，顾客会在上网的时候尽量避开广告，如关闭广告窗口、做些别的事情等。

（三）顾客自我表达欲望更强，注重实时联系与信息分享

大多数顾客表示，如果其他人对他们所分享的经历与体验予以关注或有所受益，自己会有一种成就感，并愿意分享更多这方面的观点。同时，越来越多的顾客喜欢与那些有共

同兴趣或话题的人建立联系，倾听他们的经验与建议，并积极分享自己的看法与感受。这也意味着企业/品牌不得不改变与顾客沟通、对话的方式，找出与这些极富经验的顾客进行有效互动的新方式。无论是营销者还是市场研究者都要力图利用他们的知识，而不是试图漠视或回避，要吸引顾客，与他们进行长期、开放的对话与协作，充分利用顾客分享交流的兴趣以及参与的积极性。

三、网上顾客消费行为变化

网络时代，网上顾客消费行为也相应地发生了变化，并形成了独特的行为特征。

（一）顾客的主动性

传统销售模式是"生产者—中间商—顾客"的商品流转，信息反馈是"顾客—中间商—生产者"的间接传递，顾客所选择的产品和服务是生产者已经设计制造出来后，再通过各种渠道与环节，最终到达顾客手中。在这种模式下，顾客是产品的被动接受者，他们对于产品的意见主要是通过中间商传达到生产厂家那里，而经过这种传递以后信息的滞后、丢失和失真，使得这种反馈对于生产者的作用明显减弱。在网上购物过程中情况就大不一样了，顾客可以直接绕开商业流通各环节而与生产者直接沟通。互联网使得产品销售模式变为生产者—顾客，减少了中间环节，同时又由于网络传播的交互性和即时性，顾客一旦对产品有不同意见就会通过网络直接反馈到生产者那里，从而让生产者可以直接根据顾客的要求对产品进行改造，调整营销策略。通过这种方式，顾客就能对生产者的行为进行干预，影响生产者的设计、生产和决策，在购物过程中将会变得越来越主动。

（二）顾客购买方式个性化

相关调查表明，网上购物以年轻化、知识化的顾客群体为主，他们在购物消费的同时也在追求较高层次的心理需求满足，更加重视商品的象征意义，更加注重通过消费来获取个性的和精神的愉悦、舒适及优越感。这种消费个性趋势的出现，标志着感性与理性结合的新消费主义时代的到来。网络时代下的新消费主义者所注重的不仅是消费的数量和质量，更注重消费与自身形象和个性关系的密切程度，购买的往往是由理性判断和心理认同的个性化商品，乃至要求完全个性化的定制服务。

（三）消费方式便捷化

互联网的兴起造就了新的工作与生活方式，同时也造就了一批新消费主义群体。这一顾客群体可以利用互联网了解世界各地任何一种产品和服务的信息，要求生产者和供应商以最便捷的方式满足他们的各种需求。他们不用离开办公室或住所就可以找到有关公司、产品、价格、竞争者等方面的可比信息；他们不必排队等候，而无论身处何地都可以24小时订购产品；他们甚至懒得到银行提现，而让商家在支付宝划取相应金额后把现金连同其所购货物带给他们，当然前提是快速、便捷。

（四）互动性空前提高

随着QQ、微信等交互平台的崛起以及交互技术的迅猛发展，网上消费的互动性已经大大增强。网上购物的互动性体现在两方面：一方面，让供应商更加充分地了解以及更好地满足顾客的个性化需求；另一方面，让品牌和商品信息传播有了更多样化的途径。近几年兴起的商品消费点评网也是以互动信息为主体的，顾客可将自己的消费感受（不管是正面的还是负面的）与感兴趣者进行分享，并逐渐形成了一些消费偏好群组，其中也包括品牌粉丝（忠实顾客）群组，他们可在群组中随意地与其他同好者交流消费心得，并且乐于满足个人的角色扮演欲望，成为别人认可或接受的某一消费群组的角色。

第二节　网店营销的常见手段

经营网店就是为了多卖东西获取相应的利润。如果只是开个店铺而不做任何宣传，只坐等顾客上门的话，那店铺的生意必然清淡。因此，开展适当的网店营销活动，才能提高店铺知名度和交易量。究竟应该如何做好自己网店的营销？一般而言，现在C2C平台本身就提供了许多帮助卖家进行营销的增值服务。例如，淘宝网提供了直通车、淘宝客、钻石展位、淘宝旺铺、抵价券等营销服务。但是，这些都是增值服务，是要收取费用的。对于刚刚开始从事网店或只是兼职从事网店的卖家来说，可能对网上销售本身并不是很熟悉，马上投资启用增值服务，可能还会有所顾虑。而且，因为不熟悉营销的方法，投入资金也未必能取得很好的效果。因此，并不建议从未开过网店的新手在开通淘宝网店的时候就花钱使用这些增值服务。

那么对于新手来说应如何开展网店营销呢？下面就来介绍一些既免费又有效的营销手段。

一、在淘宝论坛中发帖增加销量

淘宝论坛（http：//bbs.taobao.com/），主要是买家和卖家探讨购物或经商心得体会的地方（图4-1）。当然，只要是论坛，就不乏灌水娱乐帖。

图4-1　淘宝社区首页

但切莫仅把这里当作娱乐区。作为卖家，要利用自己的专业知识，引导买家进行正确的购物选择。如果每一位卖家都把论坛资源用好了，就可能挖掘出更多的潜在顾客，为自己的店铺带来更多的人气和销量。

首先，应该了解淘宝论坛中的分类（图4-2）。因为只要是论坛，就有其规则，最根本的一条，发帖要有对应的主题分类。因此，了解分类是正确发帖的第一步。

行业板块	热门板块	卖家经验	创业访谈	特色搜店	淘宝杂谈	淘宝群
服饰 淘宝女装 淘宝男装 服饰配件 淘宝内衣	美饰 淘宝美妆 淘宝洗护 淘宝珠宝 淘宝饰品				市场 极有家 潮电街 中国质造 农村淘宝	
鞋包 淘宝男鞋 淘宝女鞋 淘宝箱包	童玩 淘宝孕婴 淘宝玩具 淘宝游戏 淘宝乐器				3C 数码配件 数码家电 更多行业	

图4-2 淘宝论坛分类

淘宝的论坛中主要有七大版块：行业板块、热门板块、卖家经验、创业访谈、特色搜店、淘宝杂谈、淘宝群，每个版块中又有若干子类。发帖前，应该熟悉这些分类。发帖的时候要根据自己帖子的内容选择恰当的分类。

注意：千万不要选错分类，因为作为每个版块的版主，其主要任务之一就是审核帖子内容是否符合主题，乱发帖的后果就是"帖子杀无赦"，更为严重的后果是ID可能被封号。

充分利用淘宝论坛，在其中发高质量的帖子进行销售，这应该是新手卖家首先要学会的营销手段。发帖销售，并不意味着就是要在论坛中发个帖子说"我出售××，价格××"。当然，也不排斥在论坛中直接发帖销售。但这样做的话，所售的商品应有其独特的优势，在用语方面，也要有一定的吸引力。

图4-3的帖子截图就是一个被加为精华的促销帖。

对于直接发的销售帖，多数情况下可能并不会引起太多人的关注，结果就是帖子很快"沉"了，而出售中的商品依旧无人问津。

说到这里，可能有人会问，发什么样的帖子能增加销量呢？其实，在多数情况下，发帖主要是增加了卖家的知名度，特别是一些知识性、观点性强的原创帖，可以让卖家获得更多的"粉丝"，赢得更多人的信任，而这些支持和信任最后汇聚的结果就是店铺

图4-3 销售帖

第四章　网店营销与推广

销量的提升。

下面通过一些发表在淘宝社区中的精华帖来体会如何发帖。

在每一个版块中，都会有一个专门的精华帖区，如图4-4所示。

图4-4　精华帖的位置

精华帖区的帖子全部是被版主加为精华的帖子，有一定的参考和借鉴价值。

图4-5的内容是一篇发表在"卖家之声"栏目中的精华帖的一部分。

图4-5　精华帖

作者在这篇帖子中介绍了如何让自己的宝贝能够被买家搜索到的概率更大，以及如何将流量转为成交量的方法。内容有实际操作性，可以让更多的卖家读后受益。

对于刚刚经营网店的卖家来说，可能不会有上面这位版主的宝贵经验。那也不要紧，发帖并非都要有经营店铺的经验，也可以将自己擅长的知识发挥一下，写篇自己比较精通的领域的文章用来吸引大家。下面这篇题为《基础篇：教你如何制作 PS 动态文字图片》的帖子，原帖地址就是一个不错的例子，如图 4-6 所示。

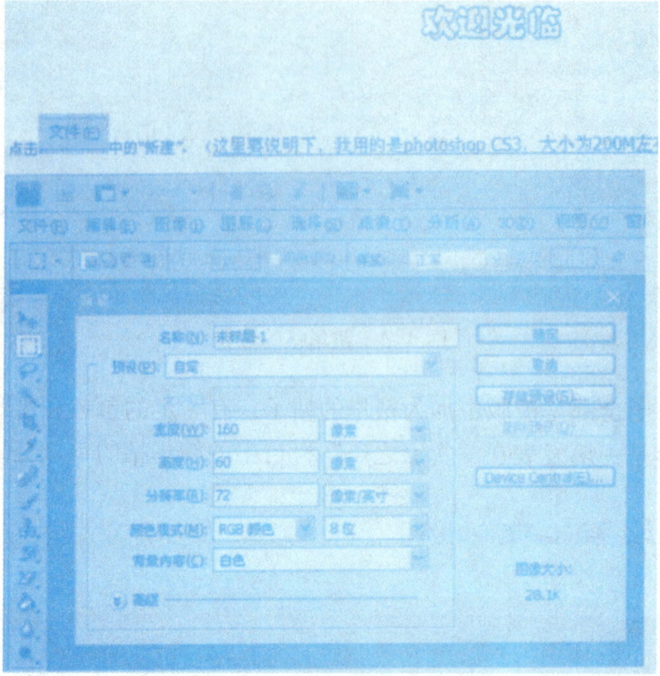

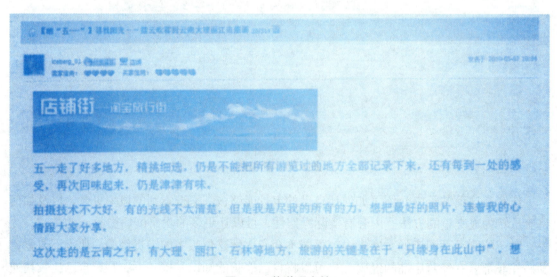

图 4-6　Photoshop 应用技术帖

下面的这个帖子也并非开店心得，卖家将五一假期大理丽江之游的感受写了出来，一样获得了无数喜爱旅游的朋友们的喜爱，如图 4-7 所示。

图 4-7　旅游观光帖

当然在淘宝发帖并不一定非要是对淘宝的赞美，下面的这个帖子《马云的"淘宝网"还能存活多久？疯掉了》则提出了对淘宝未来发展方向的质疑，如图4-8所示。

> 很多中小卖家想不通，为什么淘宝要这样做？站在阿里集团，淘宝网，马云的角度来分析淘宝网多诸多做法，答案其实很简单。
>
> 　　第一，淘宝现在大力推广商城业务，许多淘宝的活动都是针对商城的卖家。商城的优势很明显，他们有自己的公司，有自己的厂家，实力雄厚。加入商城要5000元的保证金，而且每年都要续约，淘宝的许多烧钱推广他们都完全有能力接受。从这一点可以推测出：淘宝从当初单纯的C2C网站逐渐向B2C过度。
>
> 　　第二，对淘宝网来说，同样要面临经济危机。即使马云一直在强调自己已经做好了过冬的准备，经济危机对阿里对淘宝的影响不大，但是有些事情是不能回避的，当面临压力的时候，我们这些卖家就会发现变化，淘宝网推出了一个又一个烧钱推广的方法。当初淘宝的定位是"淘宝网是全球最大的免费中文购物平台"，并以此定位击退了易趣的统治地位，在现在看来这样的定位已经有些软弱无力了。淘宝网也要过冬，如何过冬？已经显而易见。

图4-8　质疑帖

在淘宝社区发帖的类型还有很多，如心情故事、生活话题、明星娱乐等。由于内容太广，这里不再一一介绍。作为开店的卖家，应该多到淘宝社区中发帖、看帖、学习经验，时间长了，自然就会积累很多知识了。

二、利用个人空间（博客营销）

提到个人空间，常上网的朋友都不会感到陌生，如QQ、搜狐、新浪、网易、开心网等的个人空间。博客最初的名称是Weblog，由web和blog两个单词组成，英文单词为BLOG（WEB LOG的缩写），按字面意思就是网络日记，后来喜欢新名词的人把这个词的发音故意改了一下，读成we blog，由此，blog这个词被创造出来。

伴随着这些个人空间数量的迅速增长，博客（日志）以及相册成为网络时代最大众化的内容。博客这种网络日记的内容通常是公开的，博主可以发表自己的网络日记，也可以阅读别人的网络日记，因此博客可以理解为一种个人思想、观点、知识等在互联网上的共享。由此可见，博客具有知识性、自主性、共享性等基本特征。正是博客的这种性质决定了博客营销是一种基于包括思想、体验等表现形式的个人知识资源，它通过网络形式传递信息。不少名家都在他们的博客中发表文章，而且人气极高，如韩寒、郑渊洁、时寒冰等。其实，在网络上，利用这些个人空间进行店铺、商品的推广，已经成为营销中很重要的策略。淘宝网为每一个用户提供了个人空间服务。作为卖家，应该充分利用这一工具展现卖家个人情况、店铺介绍、营销文章甚至是发布广告，从而为自己带来无形的宣传推广效益。

三、开展促销、低价竞拍以提高人气

就开店而言,有相当高的人气才能有生意兴隆的可能。除了进行各种各样的营销活动之外,在店内开展低价促销、竞拍等手段也是能够迅速吸引人气的方法和手段之一。

图 4-9 所示为卖家参加淘宝"满就送"活动的界面。这个"满就送"是淘宝网提供给非商城旺铺用户的一项促销功能。也就是说,只有参加旺铺的店铺才能参加这个活动。通过这个活动,卖家可以提升店铺流量:参加淘宝促销活动,上促销频道推荐,上店铺街推荐;提高转化率:把更多流量转化成有价值的流量,让更多进店的人购买;提升顾客单价:通过"满就送",提高店铺整体交易额。但由于只有旺铺会员才能参加,没有购买旺铺的只能望而止步了。

图 4-9 满就送

除"满就送"活动外,淘宝还有"限时打折""搭配套餐"的促销活动,如图 4-10 所示,但这些都是针对旺铺用户的。卖家要参加这些促销,可以在购买旺铺后,通过"我是卖家"→"营销中心"→"我要推广"找到相应的功能进行设置。

由于以上促销手段都是提供给购买增值服务的店铺(旺铺),对于非旺铺用户来说,这些促销手段就不适用了。但是可以在店内通过低价竞拍的形式来迅速地提升人气。

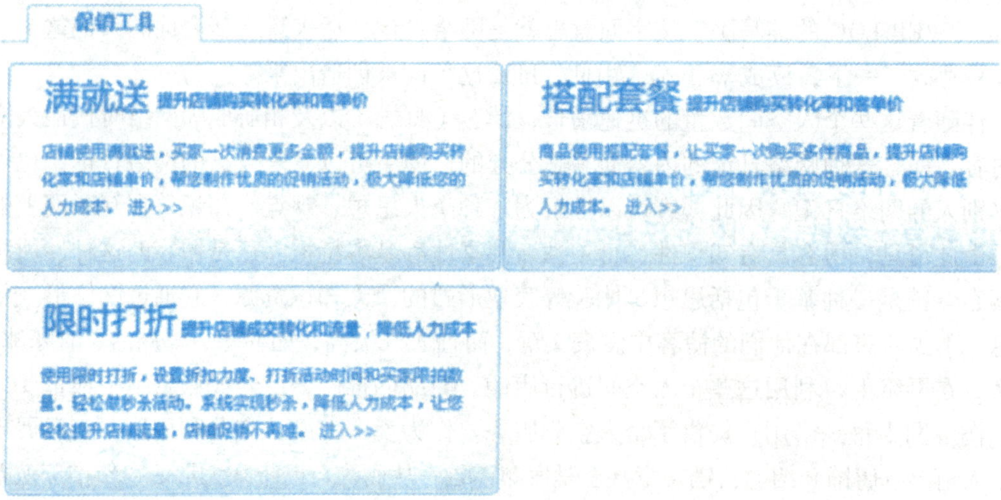

图 4-10 淘宝提供的促销工具

竞拍是商业中的一种买卖方式，即卖方按照一定的程序和规则通过公开竞价的方式把商品卖给出价最高的人。

淘宝商品上架的时候允许以一口价或拍卖两种方式进行。不过从目前淘宝运行的状况看，主要还是一口价形式。但卖家利用竞拍方式，特别是低价竞拍可以引起更多买家的关注，迅速提升人气。图4-11所示为笔者店内的一件拍品。

图 4-11　低起价的拍卖商品

一般来说，要想迅速提升人气，拍品应该比较有特色，商品本身就能吸引很多人，再有，就是起拍价格要比较低。不过上拍品之前要认真阅读淘宝上拍品的规则，拍品本身是含运费的。也就是说，卖家在拍卖结束后，只能按照最高出价卖出商品（其中包含邮寄费），不得私自调价，否则就是违规，违规就会受到投诉和处罚。因此，在上架拍品前，卖家应该考虑好底价，即最少应以成本价略加邮费的价格上架，不宜赔本去上拍品。

如果有条件，低价拍品多上架几件效果可能更好。这样长期坚持，店铺的人气一定会提高的。当流量较多，成交量就可能会进一步提升。

四、免费登录搜索引擎

在互联网搜索商品，除了在淘宝这样的平台内部进行搜索之外，也极有可能利用百度、谷歌这样的搜索引擎进行查找。如果将店铺在搜索引擎中注册后，那对于店中商品的销量，无疑会有很大的促进作用。当然，登录搜索引擎是要收费的，但也有免费的。下面就来看一看。

（一）谷歌免费搜索

谷歌虽然将主服务器搬到了香港地区，国内使用它的人还是有不少。可以申请将自己的店铺首页加入谷歌的搜索条目中。申请的链接地址：http://www.google.com/addurl/?hl=zh-CN&continue=/addurl。

在这个申请中需要输入自己商铺的网址和评论。网址按照实际情况填写即可，评论则是关于自己店铺的一些描述性关键词，输入完成后提交，如图4-12所示。

图 4-12　免费将网店信息登记到谷歌

输入完成后可以试着按输入的关键词在谷歌中查找自己的店铺，如果找到了，说明申请生效了。如果没有，就过一段时间再重新申请一下。并非所有的申请者都可以如愿，一次不行，多试几次，直到成功为止。

（二）百度免费搜索

在浏览器地址栏中输入 http：//www.baidu.com/search/url submit.html，即可登录百度免费收录网址的页面，如图 4-13 所示。

图 4-13　免费将网店信息登记到百度

百度中不能输入描述，只能输入店铺首页。百度也一样不能保证输入的网址一定被收录。同理，一次不成可以多试几次。

当然，还有很多其他的搜索引擎可以免费注册。用得越多，店铺被搜到的概率就越大。花些时间做做这样的工作对店铺的生意将会有很大的促进作用。

五、合理利用友情链接

友情链接分为两种：一种是平台内部店铺之间的友情链接，另一种是店铺与外部网站之间的友情链接。

友情链接区的位置，在店铺首页的左下方，如图 4-14 所示。在这里可以链接到淘宝内部的任意一家店铺。

图 4-14　友情链接

链接的方法如下：

（1）找到欲添加友情链接的店铺卖家的会员 ID。如果不记得会员 ID，只要搜索该店铺即可看到会员 ID，如图 4-15 中的红圈部分。

图 4-15　查看对方会员 ID

（2）通过"管理我的店铺"进入店铺管理模式。此时，单击友情链接区右侧的"编辑"按钮，在新弹出的店铺管理窗口中，有"添加新链接"的链接，如图 4-16 所示。

图 4-16　添加新的友情链接

（3）单击"添加新链接"，在画圈的位置输入要添加的淘宝会员名，如图 4-17 所示。

店铺运营

图 4-17 输入会员 ID

（4）完成"添加新链接"后，该会员的对应店铺就会出现在友情链接区的最下方，如图 4-18 所示。

如果是刚开的店铺，可查找淘宝网中同类信誉度比较高的卖家，请求将自己的店铺作为其友情链接，这样对于提高自己店铺的流量，增加人气，有着非常重要的作用。由于信誉度较高的店铺在搜索引擎中被搜索的概率也大，当我们的店铺加入这些店铺的友情链接后，被搜索引擎查找到的概率也变大了。所以说，合理利用友情链接对于提高网店知名度是非常有益的。

除前面所讲到的淘宝内部的友情链接外，还可以利用一些网站，特别是一些论坛提供的友情链接增加店铺人气，如图 4-19 所示。当然，淘宝网外的这种友情链接，有的是要花钱的，有的则是免费的。具体规则可查看这些网站的相关规定。

图 4-18 添加成功后的结果　　　　图 4-19 淘宝外部友情链接

需要说明一点，利用淘宝网之外的网站友情链接，应选择网站内容与店铺所售商品有共同点的网站，如销售数码店铺的选择数码产品论坛申请友情链接。如果论坛本身与所售商品无关，则申请友情链接的意义就不大了。

六、巧用签名档

在有些论坛中发帖的时候常常会在发表的帖子尾部有一个签名档（淘宝社区中为了防止打广告，将论坛会员的签名档取消了）。签名档，类似于我们的电子名片。别人阅读帖子时，可以通过签名档的信息对我们加深了解。利用这些签名档，可以很容易地宣传店铺。

图 4-20 是从百度《丁丁历险记》贴吧中截取出来的。图中红色的圈中是这位网友的签名档。很显然，这位网友使用了与贴吧主题一致的图片作为自己的签名档，让人看了就有种亲切感。

图 4-20 个性签名（图片）

图 4-21 是连趣网中某位卖家的签名档，这个签名档只是单纯的文字，但从文字中可以了解这位卖家的店铺信息。

图 4-21 个性签名（文字）

图 4-22 中卖家的签名不仅有自己的居住地址，还有联系电话、银行账号、淘宝店地址等信息。一般来说，不建议将卖家信息如此暴露，但详细的信息确实可以给买家以安全感。

通过上面的例子，大家应该对签名档的概念有了较为形象的理解。

下面来看一下如何设计自己的签名档。

前面已经提过了，并非所有的论坛都允许签名档的存在。在天涯、淘宝这样的社区中，就没有签名档。下面以百度贴吧为例，讲述如何添加签名档。

图 4-22 签名

（1）进入百度贴吧（http://tieba.baidu.com）。如果已经是百度贴吧的会员，则直接登录，如果不是，需要先注册。这里注册了一个新的会员ID：耀耀连环画，如图 4-23 所示。

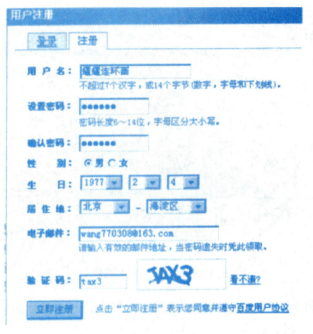

图 4-23 注册图示

（2）以"耀耀连环画"登录百度贴吧（一般来说，刚注册完，注册的账号为登录状态），进入贴吧首页；单击"个人设置"，如图 4-24 所示。

（3）选择"签名档设置"，然后单击"添加一套签名档"。

（4）在弹出的"创建签名档"框中为这个签名档起名，然后将已经存在于网络上的图片地址粘贴到对应的位置即可，如图 4-25 所示。

注意：百度贴吧中只能输入存在于百度贴吧和百度空间中的图片。

图 4-24 选项栏

图 4-25 创建签名档

如果需要自己制作签名图片，请先将图片上传到百度空间。上传方法类似于淘宝的图片空间。然后在该图片上右击，选择"属性"。在属性窗口中复制url中显示的链接即可。

有的网站的签名无法直接使用图片，如笔者常登录的连趣网就是这样的。可以使用img 标记（图 4-26），这样发表的帖子结尾就使用图片做签名了。

图 4-26　个人签名栏

 是 html（超文本标记语言）中的一个成对标志，以 开始，以 结束，它的主要功能就是用来在网页中显示图片。在第一个 img 后面加一个空格，然后用 src="图片地址"来设置要显示的图片，如图 4-27 所示。

当然，也可以把自己与他人联系的阿里旺旺、QQ、MSN 等聊天工具的个性签名设置为店铺的宣传签名档。这样，任何一个与自己谈话的人都能看到店铺的宣传了。

图 4-27　图片签名栏

七、利用店铺留言

利用店铺留言区展现自身店铺的风格也是一个增加人气的好方法。有一部分买家，是比较喜欢在留言区做出购买评价的，作为卖家，应该及时地对这些留言进行回复交流。从卖家与买家留言区的相互交流中，可以看到买家对店铺客观的评价，也可以看到卖家的素质和服务态度。店铺留言区最好能展现出一种和谐、温馨的氛围，而这些氛围有可能让原本只是逛逛或是在比较几家经营同类商品的买家一下子决定购买店中的商品了。

图 4-28 为一家店铺交流区的内容截图。在这里，可以看到买家的评语，而卖家亲切、温馨的回复让每一位到过的浏览者都会感到在这样的店中购物将是一种快乐。而实际上，这家店铺已经是四皇冠了。

由此可见，作为卖家，回复卖家的留言很重要。回复，不是简简单单的几个字，而是要全身心地投入进去并进行回复。对待买家的褒奖，要谦虚、不骄不躁，用语要显得亲切、自然，如果买家有不满的情绪，应该给予安抚，表示歉意，并应该通过阿里旺旺、电话等方式与该买家进行沟通，了解详细的情况并根据实际情况解决好问题。

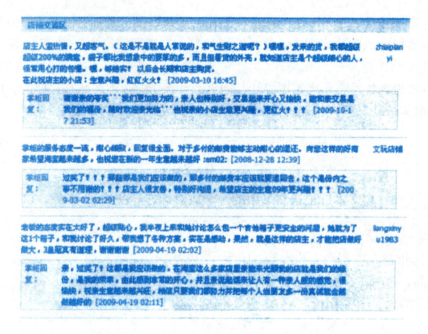

图 4-28 店铺交流区

八、在其他网站论坛推广

前面讨论过在论坛发帖进行销售的方法，当时主要讲的是在淘宝社区中发帖的情况。

卖家利用论坛销售，不限于淘宝社区，可以到更多的外部论坛中发帖子，发帖的注意事项和方法与在淘宝社区中并无差别。但我们需要选择几个外部论坛？选择哪几个论坛？对此，笔者提出3点建议：

（1）选择外部论坛做推广，该论坛一定要与店内的商品有一定的关系，不能选择与本店商品风马牛不相及的论坛。否则，论坛会员对你的发帖不会感兴趣，你发再多的帖子也对销售没有什么影响。

（2）选择的外部论坛，应该是在该行业中有一定影响力的，最好是与行业相关、人气比较旺、注册会员多、每天的发帖量大的论坛。只有这种论坛才能在该行业中有很高的号召力，卖家的发帖也才能被更多人看到。有些论坛，虽然也是专业论坛，但人气低迷，很多天都没有更新帖子，如果选择这样的论坛，对店内的销量是没有什么帮助的。

（3）不宜选择太多的论坛。一般而言，1~3个就足够了。因为在论坛中推广，不是发一次、两次帖子就完成任务了，而是要经常"泡"在这个论坛中，发主帖，并在自己的主帖中针对其他会员的提问进行答复。只有这样，才能在该论坛中取得比较高的"经验值"或"积分"。通常，每个论坛对会员都有分级的要求，级别越高的会员，在论坛中影响力越大，而这样的会员才更容易让其他成员信服。这样，在论坛中推广，就需要很多的时间。一个人的时间和精力总是有限的，所以选择1~3个外部论坛就足够了。

九、E-mail 营销

E-mail 营销就是利用电子邮件进行营销。电子邮件营销有两种方式：一种是利用网络上现有的邮件列表服务器，另一种就是自己寻找自身产品的潜在需求者的邮箱将之记录下来。不管采用哪种方式，其目的是获得潜在顾客的邮箱地址，然后将自己产品或店铺的广告通过这些邮箱发送出去。

网店卖家提供 E-mail 营销服务，可以通过以下 4 种方法来实现：

（1）卖家接到订单时要及时确认，明确发货时间。及时做出确认，是一项基本的商业礼节，顾客都有这样的需求。在接到订单时，卖家应迅速予以确认，对顾客表示感谢，明确订货详情和发货时间。

（2）提供个人信息保护。据调查，大约有 77% 的互联网用户为避免在一些网站登记个人信息而离开。除了因为登记过程需占用时间和精力外，更主要的是因为涉及个人信息安全。

（3）开展提醒服务。据统计，半数以上营销人员进行过提醒服务和定制提醒计划的实验，包括时间提醒（如生日）、补充（如替换、升级）和服务备忘录（如预订维护）。提醒服务专注于现行顾客需求并塑造了将来顾客的购买行为。可以考虑发送其他各种免费信息，以增加顾客的认同感。总之，开展预订提醒服务即对顾客进行了定位。

（4）对忠实顾客提供更多的优惠服务。获得一个新的顾客比留住一个现有顾客代价要大得多，这是基本常识。但现实的情况往往是对忠实顾客投入的服务越来越少，甚至收取更高的费用，反映在某些促销优惠条款往往只针对新加入的顾客，所以，如何在优惠新顾客的同时给老顾客优惠也是值得琢磨的问题。

如果利用现有邮件列表服务器，如 163 邮件列表服务器，需要支付相应的费用。所以，更多情况下，自己多寻找潜在需求者，然后给他们发邮件。

图 4-29 所示为笔者邮箱中接到的广告。

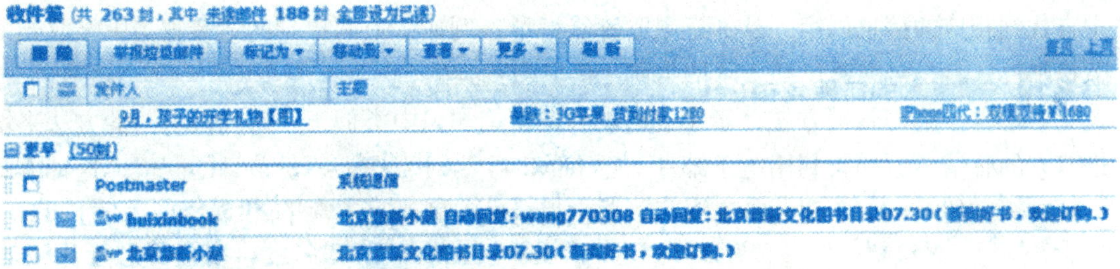

图 4-29 E-mail 中的营销广告

展开标题，详细内容如图 4-30 所示。从图 4-30 中可以看出，使用 E-mail 营销就是利用 E-mail 发布广告。当然，广告的写法不尽相同，采取的方式不完全一致，但无论如何，使用 E-mail 营销不同于在论坛中发帖的情形。论坛中发帖，最关键的是增加自己在论坛

中的知名度,而 E-mail 营销,则是将自己所销售的商品直接告诉别人。在利用这一手段进行营销时,最关键的是收集邮箱,即得到潜在的需求者的电子邮箱。

图 4-30　广告内容

E-mail 营销的方法有以下两种:

(1)通过顾客购物信息收集到该顾客的邮箱地址。当顾客在店内购物后,订单信息中就包含了该顾客的邮件地址,如图 4-31 标识处。

图 4-31　订货信息

(2)在其他类型的购物网站查找需要的潜在顾客。卖家可以在一些专业性质的网站中查找到相应的信息内容,从而记录下邮箱地址。例如,上面提到的笔者邮箱中接收到的营销邮件,就是对方通过孔夫子旧书网上的信息找到的。

对于电子邮箱营销方式,卖家也可以利用营销知识中类似于"感性诉求"的方法来增进双方的感情。例如,利用电子邮件,过节的时候为对方送上一份节日的问候,这种方式会拉近双方的距离,心理的距离近了,购物消费也就显得很正常了。

十、零成本的口碑营销

所谓"口碑营销",是指让顾客主动传播公司产品和服务的良好评价,从而让人们通过口碑了解产品、树立品牌、加强市场认知度,最终达到企业销售产品和提供服务的目的。

在网店中,卖家也可以利用人们的口碑传递来提高自己店铺的知名度。利用口碑进行营销，应该做到以下几点：

（1）店铺中所售商品一定要有质量保证。如果一个店铺中所售的商品有不少是假冒伪劣的话，买过商品的顾客一定不会满意。得不到顾客的认可，也就无口碑一说了。

（2）售后服务要有保证。卖家在网店中应该针对产品质量保证、退换货、售后服务等内容做出详尽的说明，如质量出现问题时退货或换货如何进行。由于是网店，退或换的办法中还应说明邮寄费用由谁来承担等，并在经营中完全按照这些规定去执行，尽量避免给顾客带来不必要的损失。

（3）服务态度要好。如果卖家只是自己一个人开店，服务态度比较好把握；如果网店雇的员工，有专门的客服人员的话，服务人员的培训工作要做好，不要因为服务态度恶劣引起顾客的反感。

（4）要做好与顾客的沟通。不管什么样的商店，在交易过程中都会或多或少地与顾客发生矛盾（买和卖本身就是一对矛盾）。要正确对待这些问题，发生了不要逃避，及时与顾客进行有效的沟通，在沟通过程中要勇于承担自己的责任，不要一味地推卸，以免给顾客造成不负责的想法。

（5）把握时机，利用有利事件为店铺免费做宣传。

（6）设置红包，如赠送顾客小礼品的行为。

卖家在进行网店口碑营销的过程中往往会存在一些问题，而这些问题常常被忽视，具体如下：

（1）卖家在进行网店口碑营销时因忽视对商品和服务质量的提升，以至于消费者不买账。没有让顾客满意的质量和服务，口碑只能是空谈。

（2）卖家在进行网店口碑营销时缺乏营销道德。营销道德是网店口碑营销的前提。卖家应首先保证自己宣传的客观性和真实性，不能过分夸大自己的商品和服务，否则，很可能带来负面的口碑传播。

（3）因为缺少良好的负面口碑传播处理机制，而给口碑营销的副作用火上浇油。口碑是一把双刃剑，既可以为卖家带来来口碑效应，也会由于负面口碑的传播带来负面影响。即使是一些开网店颇有经验的卖家也往往容易忽视负面口碑传播的严重性。卖家没有一套及时、正确的处理危机的机制，常常会使自身的危机越陷越深。

（4）因排斥大众传媒的宣传而自食苦果。有的卖家一味地大量使用广告、推销、营业推广等营销手段，网络和信息技术的发展更加剧了这种行为，但效果却并不明显。在这种情况下，有的卖家又会抱着"酒香不怕巷子深"的心理，排斥广告、推销等其他营销手段，这样就会走向一个极端。网店口碑营销应根据店铺所售商品的特点来进行，"口口相传"的营销策略未必适合所有的卖家。

尽管网店口碑营销越来越受到卖家的重视，但如果卖家忽视了上述问题，不仅口碑营销无法发挥其应有的营销作用，还容易产生负面的口碑传播，给网店的营销带来困难。因此，在营销活动中，卖家应对上述问题加以注意，尽量避免这些问题的发生，对已发生的

问题要及时地进行处理，使口碑营销得以真正发挥其作用。

第三节　网店的推广形式

　　网络推广就是利用互联网进行宣传推广活动。从狭义上来说，网络营销是指组织或个人基于开放便捷的互联网络，对产品、服务所做的一系列经营活动，从而达到满足组织或个人需求的全过程。网络推广和网络营销是不同的概念，网络营销偏重于营销层面，更重视网络营销后是否产生实际的经济效益。而网络推广重在推广，更注重的是通过推广后，给企业带来的网站流量、世界排名、访问量、注册量等，目的是扩大被推广对象的知名度和影响力。可以说，网络营销中必须包含网络推广这一步骤，而且网络推广是网络营销的核心工作。网络推广和网络营销互相促进，相辅相成。做好网店推广可以促进营销，而做好营销也有利于店铺的推广。

　　上一节介绍了几种常见的店铺营销手段，这些手段都可以提高店铺知名度，也是网店的推广形式。本节将重点介绍一些网店的推广形式。

一、加入淘宝直通车

（一）激活淘宝直通车

（1）登录"千牛卖家中心"，然后单击上方列表的"营销"，如图4-32所示。

图4-32　登录千牛卖家中心

　　（2）单击左侧"直通车"图标，即可进入直通车，如图4-33所示。

　　（3）弹出淘宝直通车软件服务协议对话框，请仔细阅读，确认没有问题直接单击"接受协议"按钮，如图4-34所示。

第四章　网店营销与推广

图 4-33　激活淘宝直通车

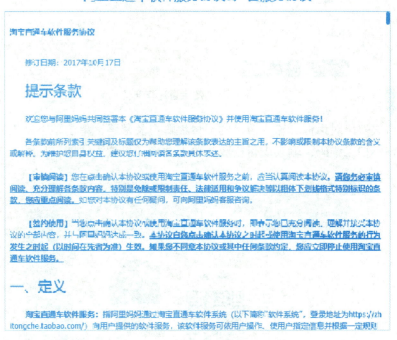

图 4-34　淘宝直通车软件服务协议

（4）在弹出界面的右侧，单击"立即充值"按钮，如图4-35所示。

（5）淘宝直通车要求第一次充值最低500元作为预存款，且充值后的金额只能作为推广资金，不能够退还，所以在再次弹出的对话框中进行充值时必须考虑清楚，可以选择最低充值金额500元，单击"立即充值"按钮，如图4-36所示。

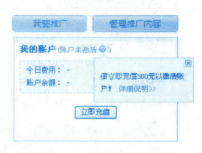

图4-35　淘宝直通车充值

图4-36　淘宝直通车充值

（6）再次弹出对话框，输入自己的支付宝账户及密码，单击"下一步"按钮。

（7）扫一扫二维码，输入支付密码，单击"确认付款"按钮，如图4-37所示。

图4-37　淘宝直通车充值

(8)提交成功,出现图4-38所示的页面,成功激活淘宝直通车。

图4-38 淘宝直通车激活

(二)使用淘宝直通车

1. 推广新宝贝

(1)进入直通车后台页面,单击黄色的"推广新宝贝"按钮,如图4-39所示。

图4-39 推广新宝贝(1)

(2)选中您要推广的新宝贝,单击宝贝左边的方框,如图4-40所示。

(3)选择好后,再单击下方的"推广"。

(4)进入宝贝编辑区页面,设置好类目出价和竞价词,即完成了一个新宝贝的推广。

图 4-40 推广新宝贝（2）

2. 宝贝标题 seo 优化

选择好推广宝贝后，推广宝贝标题关键词的设置，决定了买家能否通过搜索快速地找到你的宝贝，因为只有当买家搜索的关键词和你设置的关键词一模一样时，你的直通车宝贝才有机会展示在他面前。如何找到利用率最高的关键词呢？

（1）商品标题的优化组合。为了尽可能多地增加被搜索的概率，商品需要一个好的标题，这个标题不仅能吸引人，而且能让买家一目了然地知道商品的特性，有利于关键字搜索。

一个完整的商品标题应该包括以下 3 个部分：

第一部分是"商品名称"，这部分要让买家一眼就能够明白这是什么东西。

第二部分是由一些"感官词"组成的，感官词在很大程度上可以增加买家打开宝贝链接的兴趣。

第三部分是由"优化词"组成的，卖家可以使用与商品相关的优化词来增加宝贝被搜索到的概率。

例如，"热销万件"2011 冬季新款男士短款鸭绒外套正品羽绒服"，这个词会让买家产生对商品的信赖感，"鸭绒外套""男装""羽绒服"这三个词是优化词，它能够让你的潜在顾客更容易找到宝贝。

在商品标题中，感官词和优化词是增加搜索量和单击量的重要组成部分，但也不是非要出现的，唯独商品名称是雷打不动的，所以必须要描述出商品名称。

这些组合不管如何变化，商品名称这一项一定是其中的组成部分。因为在搜索时首先会使用到的就是商品名称关键词，在这个基础上再增加其他关键词，可以使商品在搜索时得到更多的入选机会。至于选择什么来组合最好，这要靠卖家通过分析市场、商品竞争激烈程度和目标消费群体的搜索习惯来最终确定。

（2）商品标题设置要求。宝贝标题的字数只能设置 30 个汉字，如何利用有限的文字突出商品的特点，吸引买家单击，商品标题的设置就需要注意以下几点：

①宝贝标题简洁明了，主次分明。适当使用标点符号或空格来断句，这样会让标题读起来更通顺，更有条理，让买家阅读起来更方便。

②宝贝标题应该精准，不应该介绍店铺，而是介绍商品本身。

③在标题中突出商品的卖点，如价格优势、促销优惠、品质或是品牌保证等；很多词都可以增加广告标题的吸引力，如正品、皇冠、包邮等。

④不要在标题上填写让买家轻易搜索到同类商品的关键词。

（3）如何获得优质的关键词。卖家可以利用工具获得优质的关键词，如数据魔方的"淘词"、百度下拉、关键词工具挖掘、淘宝下拉等，再结合自己的经验分析一定可以找到优质的关键词。

3. 暂停推广宝贝

（1）进入直通车后台页面，单击最上方黄色部分的"宝贝管理"按钮。

（2）单击红色字体的在线宝贝，如图 4-41 所示。

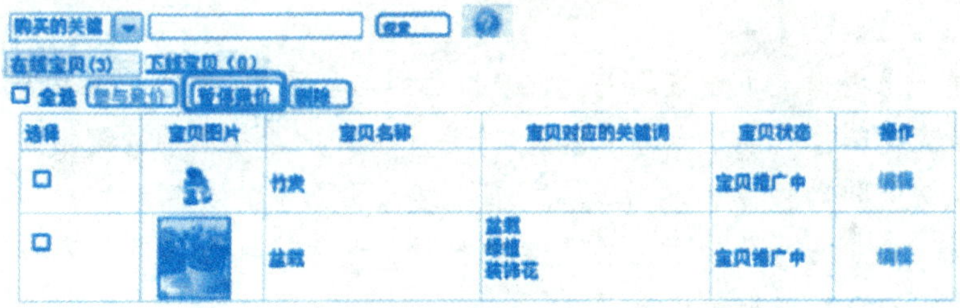

图 4-41 暂停推广

（3）在页面下方会出现当前正在推广的宝贝，选择你想暂停的宝贝，单击宝贝对应的左边方框，再单击上方的"暂停竞价"按钮即可。

4. 添加竞价词

（1）进入直通车后台页面，单击黄色的"管理推广中宝贝"按钮。

（2）选择您要添加竞价词的宝贝，单击右边的红色字体"编辑"。

（3）在长方形的对话框中输入您要添加的竞价词，然后单击"添加"按钮即可。

5. 选择推广时间

（1）进入直通车后台页面，单击上方的"账户设置"。

（2）在弹出界面的上方，单击"设置定时投放"，在方框内输入你想投放的时间段。

（3）如需设置两个投放时间段，请先设置好一个时间段后，单击右边蓝色的"添加"按钮。

（4）时间段设置完毕，单击最下方的"提交"按钮即可。

6. 选择推广地域

（1）进入直通车后台页面，单击上方的"账户设置"。

（2）在弹出的界面中，找到"投放区域"板块，单击蓝色字体"修改"。

（3）此时系统默认的是投放所有地域。如需更改，则单击所要投放地域左面的方框，再单击下方的"保存设置"即可。

淘宝直通车

一、淘宝直通车的含义

淘宝直通车是指为专职淘宝卖家量身定制的按单击付费的效果营销工具，是提升店铺流量最直接的推广方式，你只需选择你认为比较有优势和竞争力的宝贝，然后挂上直通车即可。由于这是付费推广，而且不能保证有交易，所以在宝贝选择、价格控制、悬挂频道和方式上都是很有讲究的。

二、淘宝直通车的作用

淘宝直通车是根据宝贝设置的关键词来进行排名展示的，根据买家单击进行扣费。当你使用淘宝直通车推广某个宝贝的时候，先为此宝贝设置相应的关键词和搜索商品，或者根据宝贝分类进行搜索，之后就会在搜索结果页面中的右侧看到推广中的宝贝的展示广告，页面的下方也有，并且在淘宝的首页、各频道和社区的热卖单品活动、促销专享活动中也能够获得展示机会。

（1）使用淘宝直通车，你获得的顾客都是非常有意向的准买家，更易促成交易，同时买家还会获得优质买家的会员数据。

（2）卖家店铺的流量可以通过淘宝直通车获得持续提升。整个店铺人气提升后，就会产生连锁反应，各方面的机会就会接踵而来。

（3）参加淘宝直通车的卖家可以免费参加淘宝直通车培训，第一时间获得淘宝直通车行业资讯。

三、加入淘宝直通车的条件

（1）只有卖家级别达到两颗心（11个好评）以上的淘宝卖家才能加入，商城用户可不受级别限制。

（2）以下几个主营类目的卖家需要先加入消费者保障服务才能开通直通车：

①成人、避孕用品、计生用品。

②古董、邮币、字画、收藏。

③零食、坚果、茶叶、特产。

④孕妇装、产后瘦身、妈妈用品。
⑤奶粉、辅食、营养品。
⑥品牌手表、流行手表。
⑦腾讯QQ专区。

如果您的卖家级别没有达到两颗心,建议多去积累一些信用度再加入,相应的信用度基础也会使您的店铺更有竞争力。如果您的店铺主营类目是以上几个类目,在加入直通车时也会提示您要先加入消费者保障服务。

(3) 店铺主营类目属于保健食品则暂时无法加入淘宝直通车推广宝贝。

二、淘宝客推广

(一) 淘宝客设置

(1) 登录"千牛卖家中心",然后单击上方列表的"营销"→"我要推广",如图4-42所示。

图4-42　淘宝客设置

(2) 单击右侧"营销入口"→"淘宝客推广"图标,如图4-42所示。

(3) 进入"淘宝客"之后,直接用你要开通淘宝客推广的账户登录绑定,阅读淘宝客推广协议之后,单击"同意"按钮提交;然后进入首页,单击"我是广告主"按钮,进入我的联盟,如图4-42所示。

(4) 进入我的联盟之后,绑定你的支付宝,再单击"求推广"(**注意:**不满一颗心的卖家是不能加入淘宝客的),如图4-43所示的①处,接下来单击"新建定向推广计划",如图4-43所示的②处。

(5) 对于推广计划,可以新建两个:一个是店铺推广计划,一个是宝贝推广计划,如图4-44所示。

(6) 设置类目佣金比率。勾选主推的商品(最多选择30个),单击右侧"修改佣金比例"中的修改。佣金比率限制在1.5%~50%,你可以自己估算一下商品成本再设置提供多少佣金,一般佣金比率设置在5%左右。如果你的佣金设置得比较高的话,也会有较多淘宝客来帮你进行推广。设置完毕后,单击底部的"保存"按钮。

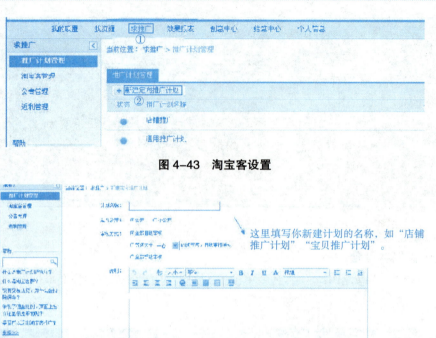

图 4-43 淘宝客设置

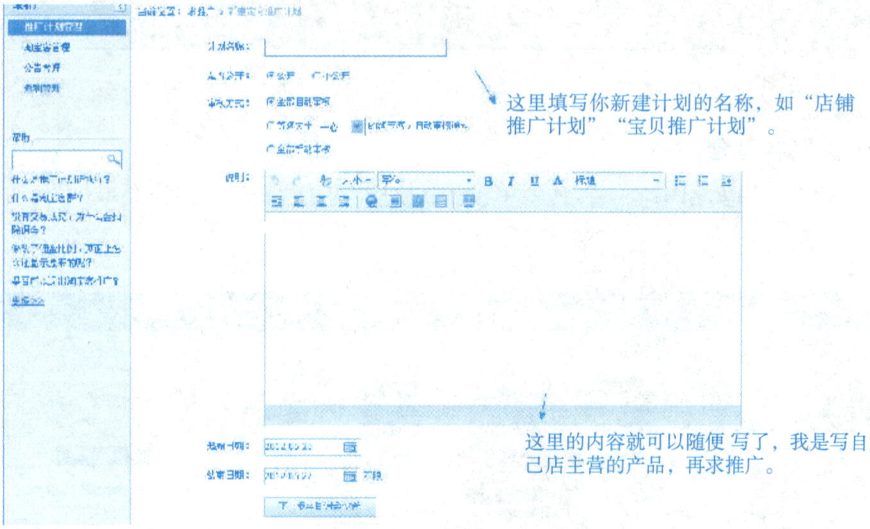

图 4-44 淘宝客设置

（7）新增主推商品。直接单击"修改"进入你要推广的那个计划，找到"新增主推商品"，选择你要进行单品推广的宝贝，最多只能设置 30 个，如图 4-45 所示，完成后单击"保存"按钮即可。

图 4-45 新增主推商品

（二）淘宝客作用

淘宝客是指通过互联网帮助淘宝卖家推广商品，并按照成交效果获得佣金的人或者集体（可以是个人、网站、团体、公司）的组成模式。它是一种后付费业务，推广展示和单击推广全都免费，只有在交易完成之后才支付淘宝客佣金，并能随时调整佣金比例，灵活控制支出成本，这也是卖家最常用的一种推广方式。

在淘宝客中，有淘宝联盟、卖家、淘宝客和买家4个角色，他们每一个都是不可缺失的一环。

（1）淘宝联盟。一个推广平台，帮助卖家推广产品；帮助淘宝客赚取利润，每笔推广的交易抽取相应的服务费用。

（2）卖家。佣金支出者，他们提供自己需要推广的商品到淘宝联盟，并设置每卖出一个产品愿意支付的佣金。

（3）淘宝客。佣金赚取者，他们在淘宝联盟中找到卖家发布的产品，并且推广出去，当有买家通过自己的推广链接成交后，那么就能够赚到卖家提供的佣金（其中一部分需要作为淘宝联盟的服务费）。

（4）买家。单纯的购买者，即网上购物的顾客。

三、淘宝商盟推广

（一）加入淘宝商盟

淘宝商盟比群大多了，里面人气也比较旺，若卖家想在淘宝商盟中跟大家成为朋友，就可以增加不少潜在顾客，当盟友的顾客需要购买的商品正好本店有的话，盟友将本店推荐给顾客。而且加入淘宝商盟以后，买家会觉得店铺更有保障。

（1）进入淘宝社区→淘宝商盟→找到想要加入的商盟，并认真学习加入这个淘宝商盟的入盟条件。一般淘宝商盟入盟的条件如下：

①已经在淘宝开设有店铺，商品数20件以上（包含20件）。

②店铺卖家信用一颗心以上（包含一颗心）。

③店内好评数量不得少于总评价的98%（包含98%）。

④淘宝社区"淘宝→商盟论坛"要求发一篇加入"××商盟"的感想及建议帖。

⑤不允许有任何不良状态，如有警告的记录，请先和淘宝协商撤销再申请。

⑥新人成为预备会员，需填报预备的登记表，交由新人组管理员留存。

⑦已经被"××商盟"开除的淘宝卖家，如要重新申请入盟，要视其情节而定。

（2）确认符合入盟条件后，可以向淘宝管理员提出申请，索取淘宝商盟新会员申请表。审核通过后可转为淘宝商盟预备会员，加入预备会员。

（3）成为准会员有一个月的学习期，达到淘宝商盟规定的要求[原创10帖，主题20帖，会员店铺卖家信用三颗心以上（包括三颗心），一大类的①③⑤小类不变]，就可以转为准会员。成为准会员后，将有一段时间的考察期，考察期为两个月。在考察期期间，凡是不参加群内讨论、以潜水对应考察的人员将不予转正，通过考察的予以转正。

（4）个别准会员考察期满一个月，其间与淘宝商盟管理层两位以上管理人员有过见面交流，并对淘宝商盟发展做出实质性贡献的，经淘宝商盟管理层讨论通过，可提前转为淘宝商盟正式会员。

（5）商盟预备会员统一转正时间为每个月月末，下月月初公布名单，请随时关注商盟论坛。

注意：一个卖家最多只允许同时加入两个商盟。

（二）如何成为淘宝商盟盟主

发起人必须是三颗心以上，有 50 件以上的商品，发帖数量超过 1000 帖。原则上发起人即淘宝商盟盟主。其盟主与管理者（不少于 10 人）不可以有任何差评、警告等信誉问题的情况。

（1）符合以上组盟发起人规定的淘宝会员，向淘宝相关人员发邮件索取组盟申请表。

（2）填写完毕，经淘宝网同意后，该淘宝商盟即临时成立，并有一段时间的考察期，这时盟主即获发帖权限去论坛发帖征集淘宝商盟伙伴。未经允许而擅自征集的帖子将被锁定直至批准完成。

（3）考察期结束，经审查通过，淘宝商盟正式成立并开通。正式成立后，将由淘宝商盟盟主负责把淘宝商盟注意事项以及征集帖整合进入整体帖。淘宝商盟成立后，该商盟成员的店铺前一位要加上该淘宝商盟的名称，如"北京商盟""carne 精工坊"，以便更多的会员了解并加入淘宝商盟。

（4）淘宝商盟事务由盟主与淘宝网指定管理员直接联系。所有正式淘宝商盟成员，在店铺页面、阿里旺旺页面、淘宝商盟首页等处均挂有正式盟员标识。

（三）淘宝商盟的作用

（1）使淘宝商盟会员感受到家的归属感。淘宝商盟是一个纯民间团体，只要够格，愿意为和淘宝商盟成员的责任和义务有所担当的话，都可以报名加入。它会使卖家从刚接触淘宝时形单影只的小菜鸟成长为翱翔的"雁群"的一分子。

（2）开阔淘宝商盟会员的眼界。大家通过网上畅谈，或者网下聚会互动，可以直接获取更多有用的信息资源，无论是技巧技术上的，还是生活行情上的，这里面的商机、窍门、经验都会让你眼前一亮、如获至宝、欣喜万分、受益匪浅。淘宝商盟经常举办各种活动，有利于卖家认识结交一些不同行业的朋友，开阔你的眼界。

（3）增加淘友之间的信赖感，提升自己店铺的诚信度，店铺 LOGO、论坛头像旁边的商盟标志就等于是给卖家的店铺挂了一个"信得过"的牌子！真心地投入，透过这小小的标志，你的顾客会感受到。

（4）盟友之间相互认同。淘宝商盟中的卖家基本上都是本省、市的人，有共同的地域文化、接近的价值观、良好的认同感，而且由于地域邻近，可省下一些物流费。所以淘宝商盟成员之间很容易打消彼此陌生状态时的隔膜，更容易产生合作愿望，赢得了信任，获得了帮助，达成交易的过程更顺畅。

（5）盟群相互依赖。同样的心动，同样的梦想，大家选择在同一个平台开店，经营中的苦乐酸甜更愿意共同分享。

（6）免费宣传。淘宝商盟有专门的首页推荐位，加入淘宝商盟成为正式会员后，可以在首页上推荐你的宝贝，而淘宝商盟成员中也会加上你的店铺，这两者都可以直接或者间接地给你的店铺增加一定的浏览量。另外，通过淘宝商盟不定期地在淘宝网上举行各类买卖活动，加快商品的成交率；淘宝商盟的许多活动都是以各个地区商盟的名义发起的，有淘宝的活动只有商盟的会员才可以参加。

（7）增加品牌知名度。加入淘宝商盟其实是为了借用团队的力量发展淘宝商盟会员的生意，通过联合共同打造一个品牌，实现更大效益，增大品牌知名度。

四、淘宝社区发帖

在加入淘宝直通车、淘宝客，成功成为淘宝商盟会员后，又该如何在淘宝社区中争取客户？

淘宝社区是淘宝买卖商家集中的宝地，当然也最具宣传价值，因为每个用户都有可能成为你的客户。但是风水宝地往往也最难营销，怎样才能见缝插针，利用淘宝社区进行宣传呢？

（一）进入淘宝社区

打开淘宝网首页，单击右上角"网站导航"→"社区"中的任何一个模块即可，如图 4-46 所示。

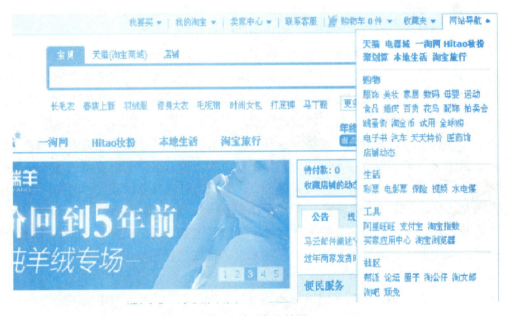

图 4-46　淘宝社区

（1）淘宝帮派。所谓淘宝帮派实际上就是自己的个人社区，完全由你支配，只要不涉及敏感词语，就不会受到官方约束。淘宝千千万万的淘友，按照自己的兴趣喜好聚集在一起，含有淘宝武侠特色的群体，就叫作淘宝帮派。卖家可以加入别人的帮派，但要遵守别人的帮规；卖家也可以自建帮派，制定帮规，可以在自己的帮派中分享经验，也可发布广告。

淘宝帮派是淘宝免费提供给淘宝用户使用的，可以发表文字、图片等。对于新店铺来说，如果自己的淘宝帮派人气旺，那么店铺的流量也会骤升。而且，浏览淘宝帮派的网民都是淘宝用户，有卖家也有买家，针对性强！所以，创建淘宝帮派是个很有效的免费推广方法。

（2）论坛。在淘宝论坛中，买家和卖家可以分享淘宝网络购物经验和淘宝网店的经营心得，卖家可以免费推广自己的淘宝网店铺，宣传自己的淘宝网商品，老用户还将免费获赠淘宝论坛首页推荐。淘宝论坛是一个非常活跃的论坛，重视对该论坛的推广工作，将会使自己的推广效果事半功倍。

（3）圈子。淘宝圈子是淘宝网旗下的一个提供发现美与时尚、分享购物乐趣、结交志趣相投好友的一个兴趣图谱网站，类似于淘宝站内的帮派和社区。任何纯买家用户都可以用自己的账号登录！

淘宝圈子功能与淘宝后台的好友动态、个人动态等分享内容相互贯通，从而可以从淘宝站内导入更多的优质买家，并按照每一个人不同的习惯，每个买家都可以加入自己的圈子，每个用户圈子首页的右上角都显示了用户所在的圈子名称，用户可以通过圈子发帖分享自己的物品、照片、微博等任意内容！不过是严禁卖家的！同时具备宝贝分享功能，与蘑菇街相似！每个用户都可以分享自己购买到的宝贝！淘宝圈子是个完全自由自主的社区，在你自己管理的圈子，或者加入别人的圈子里，一群和你有着一样兴趣爱好的人一起快乐淘生活，分享生活中的喜怒哀乐，购物中的经验分享，等等。

（4）淘女郎平台。淘女郎平台，是淘宝门户2010年的一个重点项目，于2010年3月23日正式上线。它不仅是一个淘生活的秀场，而且是发掘淘宝草根麻豆的星场，也是一个麻豆网。在打造具有时尚影响力的网络红人和达人的同时，更是让淘宝网上的各大品牌和其他媒介便于寻找到最适合的店铺代言或当家麻豆。此外，人气高的淘女郎还有机会在平台的合作媒体（如湖南卫视《越淘越开心》、浙江电视台《越跳越美丽》、浙江教育频道的《美丽A计划》以及《淘宝天下》等媒体）中出镜，提供了更宽阔的发展机遇。

淘女郎平台不仅仅是淘女郎们的展示平台，更立志打造成全国最大的时尚创意基地。目前，淘女郎平台合作方包括商家、摄影机构、媒体等。对于商家来说，加入淘女郎平台，是一个寻找网模、推广店铺的营销平台；对于摄影工作室来说，成为淘女郎平台的合作机构，能扩大淘宝业务，提升声誉；对于看客来说，不仅能看到很多漂亮MM，还是一个学习服饰搭配、消费娱乐的平台。

（5）淘吧。淘吧隶属于阿里巴巴集团旗下一淘网，是全球最大的中文网络购物社区。淘吧致力于解决用户"买什么"的购物疑问，传播优惠信息与省钱攻略，成为一淘网"经济实惠新人类"的网购聚居地。淘吧于2010年5月上线，迄今为止，已建立上千万个淘吧，约有成千上万个热门讨论吧，千万吧友聚集于此，交流网络购物中的穿衣搭配、真假鉴别、同款求购等各种购物问题。

（6）顽兔。顽兔是淘宝网旗下的图片互动社区，于2012年4月11日正式发布上线。用户可以在顽兔上分享图片，并可一键购买。

如今的淘宝用户开始热衷于更多地分享，正是这些用户渴望分享的诉求，给美丽说、蘑菇街等淘宝导购类网站带来了生存空间。顽兔的上线给淘宝用户提供了一个更方便、快捷的分享平台，让淘宝用户得到更多海量的精美图片和消费咨询，当然也会对美丽说、蘑菇街等网站用户带来一定的冲击。

（二）撰写精华帖

在社区书写帖子的好坏是推广的关键，那么怎样才能在论坛那么多帖子中脱颖而出呢？或者是成为社区中的精华帖呢？

（1）一个标新立异、引人入胜的标题。

①悬念式标题。人的天性充满着好奇，这类标题时常使读者带着疑惑、猜测、惊讶去阅读，这种悬念引人入胜。一开始便能牢牢地抓住读者的眼球。

②炫耀式标题。这种类型的帖，主要是财富故事类、经验分享类。例如，"从钻到冠做了……或月收入……"往往让淘友兴致勃勃地拜读你的帖，幻想奇迹有一天会发生。此类帖子目前最火爆，但应注意把握好尺度，实事求是，切莫浮夸。

③夸张式标题。例如，"雷死人……"这类标题常用夸张、拟人手法来表达，特别是新闻、娱乐性质的文章里较常见，它对读者视角的杀伤力很大。

④数字概括式。这类文章在开店技巧和营销方面比较常见，受到新手朋友们的追捧，如几大绝招、宝典等，这类帖文带有权威性或总结性，让人一目了然，所以是很好的一种写帖模式。

（2）文章的主体内容有独创性、知识性。

①抓住热点，按需写帖。论坛上的帖，跟帖最疯狂的莫过于3类：经验篇、创业财富篇、教程篇。所以，写帖要抓住读者需求，注重引起共鸣的内容，做到有针对性、指向性地写帖。

②用查漏补缺法，变旧为新。对于那些陈词滥调、老生常谈的内容，我们不要人云亦云，照本宣科，要从别人忽略的细节出发，寻找差异化或新的突破点。

③用独特的视角变冷为热、变废为宝。你一定听说关于美国淘金的故事，为何多数淘金人没有淘到真金，个别卖水人却发了大财？所以请用心地去发掘一些与淘宝相关、与财富相关实用的冷门题材，用独特的视角来变冷为热、变废为宝。

（3）参加社区热门活动。对于任何论坛，每当它推出一项活动时，总是希望网友能够热情地参与其中，如果你正好有符合活动主题的资源，你不妨敲敲你的键盘，动动你的手指，拿出你最大、最真诚的热情去融入活动当中，说不定你的帖子就会被管理员加精或推荐到淘宝论坛首页。

（4）巧妙打造隐蔽的植入式广告。如果你的帖子写得很好，吸引了很多人浏览，但是很少人去你的店铺，不能带来实际的流量，那怎么办？淘宝社区又严令禁止发广告帖，你只能对你的帖子进行一些植入式的软广告，暗示你的读者，主动点开你的店铺。一般写自己开店的故事，在故事中透露自己店铺的一些经营情况或是店铺信息，引起读者的好奇心，单击你的店铺。

（三）发帖的基本要求

（1）发帖重质量。首先选择板块，再将符合主题、具有指导性、可读性、鉴赏性的帖文进行发表。只有选择了正确的发表板块，才能让潜在买家更准确地找到想要关注的帖子，增加店铺的流量。

（2）发帖重时间。关于发帖的时间，对于买家来说，一天中最好的发帖时间有两个：一个是在中午（12:00—13:00）；第二个是晚上（18:30—22:00）。因为这两个时间段社区的流量最高，在这两段时间发帖，回帖率一般比较高。而针对卖家的帖子则要考虑在卖家的空闲时段进行发帖。

（3）禁广告、商业成分的炒作。一个真正聪明的写手会花工夫精心打造好帖文，因为帖如其人，人如其店，所以，请亲们尽情地在帖里张扬你的个性吧，亮出你的风采，贴出你的人格魅力，用精彩的帖文发出最艺术的邀请函。

（四）回帖的技巧

帖子发表之后并不代表就可以将帖子束之高阁了，我们还要努力地、认真地、细心地、全面地去做好回帖，只有这样才能让帖子吸引更多的人，才能为提高店铺的浏览量提供源源不断的可能。那么该如何回帖呢？

（1）认真分析回帖的对象，关注楼主、其他回帖人的回帖内容。增加回帖的眼球效应。

针对式回复楼主的主帖。内容与主题相靠，而不是跑题，且要做到言之有物。例如，主题是探讨如何赚银币的，我们就要针对楼主的观点进行探讨，而不是空泛地讲："楼主写得太好了，值得我们学习……"对楼主的辛勤劳动要及时给予认可。一些长帖、多图帖做起来会很麻烦，时间也会很长，适当地对这些劳动过程进行问候，会让楼主觉得贴心、温情。例如，在回帖中讲："这么长的帖子，又有文字又有图，楼主费心了，一定用了好长时间吧！楼主半夜还在努力发帖，受累了，来杯水，然后休息休息吧！"

（2）不灌水，不吵架，不发露骨广告。

（3）适当回复能够引起互动的帖子。

缺乏共识的东西往往不易探讨交流，更难深入人心，从而造成主帖与跟帖没有互动的结果。一般采用"抛砖引玉法"：直接给出讨论问题，激发讨论回帖。

对不懂的东西借机提出疑问。这样主帖与跟帖就有互动的主题了，以此来激发跟帖的热情。

利用人们的好奇心理，相互攀比，诱导回帖。例如，百万格子的故事讲的就是，它利用了人们的好奇心理，每个人买一个格子之后，都喜欢回去看看，自己的格子周围都有哪些人又买了，自己和谁挨着，这些反复的单击创造了可观的流量。同理，我们每个人也都有去观看自己回帖的习惯，尤其是一些好的回复，可以和楼主互动回复，经常去回访此帖，看看自己的帖子有没有被人引用，有没有别人接着你的。

（4）设计属于自己的常用字体颜色、字体大小，醒目而不张扬，显眼而不刺眼，多用表情辅助。

（5）用回帖模板和图片，让回帖更加吸引人。大家可以设想一下，回帖者阅读完一篇好帖后，如果要继续浏览的话，就是想看看别人如何看待该帖的。但是，要让自己的回帖更加吸引别人的眼球，最好能够使用回帖模板以及配合一些图片来回复。

（6）用"心"回帖才能让回帖带来更多流量。淘宝社区人气是足够旺，也相对比较浮躁，但只要用心，有质量地回帖，你就能得到自己满意的结果。静下心来，不要浮躁，稳扎稳打，一步一个脚印地做事，才是成功的基石。

五、加入"消费者保障服务"

经过观察发现：淘宝网的"商品如实描述""假一赔三""7天无理由退换货""虚拟物品闪电发货""数码与家电30天维修"等是淘宝网向买家提供的保障服务项目，卖家加入以后，会在卖家店铺及商品信息中显示相应的图标，使买家形成一种"安全"上的信任，增加卖家的成交率。

（一）了解"消费者保障服务"

"消费者保障服务"是淘宝网于2007年3月发起的，是继信用评价体系、第三方支付工具之后，又一个构建网购诚信、提升消费者体验的保障工具。"消费者保障服务"是指经用户申请，由淘宝网在确认接受其申请后，针对其通过淘宝网这一电子商务平台同其他淘宝用户（下称"买家"）达成交易并经支付宝服务出售的商品。根据本协议及淘宝网其他公示规则的规定，用户按其选择参加的"消费者保障服务"项目，向买家提供相应的售后服务。店铺申请加入了"消费者保障服务"，可以使顾客感觉购物更加有保障，哪怕商家的信用级别不高，但是依然能带给顾客信任感和安全感。因此，鉴于消费者保障计划对商家在销售上的帮助和对买家在购物信心上所起到的积极作用，淘宝网从2010年起开始实行全网消保。

（二）"消费者保障服务"的项目

"消费者保障服务"项目通常有"商品如实描述""7天无理由退换货""假一赔三""虚拟物品闪电发货"等种类，卖家可自行选择加入不同的项目种类。

（1）如实描述。如实描述是其他各项服务的基础，是卖家加入"消费者保障服务"的前提。消费者购买支持此服务的商品，如果被发现和卖家描述的不一样，可以申请赔付。

（2）七天无理由退换货。在加入"消费者保障服务"后，卖家自行选择加入的服务项目。该服务项目是指消费者购买支持此服务的商品后，如果在签收货物后的7天内不想买了，卖家有义务向客户提供退换货服务。

（3）假一赔三。假一赔三是指在加入"消费者保障服务"后，卖家自行选择加入的服务项目。该服务项目是消费者购买支持此服务的商品，在交易成功后14天内，如买家认为该商品为假货，且在买家直接与卖家协商退换货未果的前提下，买家有权按照"假一赔三"服务规则向淘宝网发起对该卖家的投诉，并申请3倍赔偿。

（4）闪电发货。闪电发货是在加入"消费者保障服务"后，卖家自行选择加入的服务项目。该服务项目是消费者购买支持此服务的商品，能够享受"闪电发货"，要是卖家发货不及时，买家可以申请赔偿。目前支持闪电发货赔付申请的类目是"网络游戏虚拟商品交易区、移动/联通/电信充值中心"。

（5）正品保障。正品保障是指在加入"消费者保障服务"后，卖家自行选择加入的服务项目。该服务项目是卖家承诺提供"正品保障"服务，可以使买家放心购买！如果买家认定已购的商品为假货，有权在交易成功14天内按"正品保障"服务规则及淘宝公示规则的规定向淘宝网发起针对该商家的投诉，并申请"正品保障"赔付。

（6）"数码与家电30天维修"。这是在加入"消费者保障服务"后，卖家自行选择加入的服务项目。该服务项目是消费者购买支持此服务的商品后，在交易成功30天后，卖家应向买家无条件提供免费维修服务，否则买家有权在确认卖家不提供该服务后的15天内，按照服务规则向淘宝网提出对该卖家的投诉，并在符合规则有关规定的情况下，在规则保证金有剩余的前提下，请淘宝网使用该剩余保证金按服务规则解决投诉。

申请"消费者保障服务"的店铺在通过淘宝网的资格审核后，需要缴纳一定的保证金。如果卖家对自己申请的服务承诺无法履行，买家有权按照服务规则向淘宝网发起投诉，淘宝网会依照相应的规则进行投诉及赔付申请处理。

（三）申请加入"消费者保障服务"

（1）登录"我的淘宝"，单击"千牛卖家中心"左侧的淘宝服务中的"消费者保障服务"链接，进入"消费者保障服务"申请页面，如图4-47所示。单击"提交保证金"，保证金额度为1000元，需要输入支付宝密码确认支付。此时，你的支付宝上的这部分资金将被冻结，作为"消费者保障计划"的保证金。保证金还是在你的支付宝里，只是这部分资金不能使用，作为先行赔付的资金。

（2）交了保证金后，恭喜您加入了"消费者保障服务"。此时，你可以根据你的需要，单击开通所需的特色服务，如图4-48所示。

（四）加入"消费者保障服务"优势

（1）加入"消费者保障服务"的卖家店铺，商品上加专有的服务标志，让消费者更放心购买，增加成交的概率。

（2）加入"消费者保障服务"的店铺拥有店铺内推荐功能，让买家从1个宝贝开始，浏览到店铺中的更多相关宝贝，增加成交的机会。

（3）为提高交易质量，淘宝网单品单店推荐活动只针对加入"消费者保障服务"卖家开放。

图 4-47 加入"消费者保障服务"

图 4-48 "消费者保障服务"

（4）增加 5 个橱窗推荐位，并享受橱窗推荐位（10~20 个）奖励政策，让店铺拥有更大的浏览量。

（5）加入"消费者保障服务"的店铺可以发布抵值券商品、VIP 卡商品，免费拥有强大的促销工具。

（6）淘宝网其他服务优惠活动，优先或只对加入"消费者保障服务"的卖家开放。

（五）加入"消费者保障服务"的保证金标准

加入"消费者保障服务"的卖家特别需要重视交易纠纷的处理。因为参加"消费者保障服务"的卖家有一定的资金被淘宝网冻结，如果买卖矛盾和冲突问题处理不当，淘宝网为了保障买家的权益可能会使用冻结的保证金对买家进行先行赔付。表 8-1 为卖家保证金缴存标准。

表 4-1 卖家保证金缴存标准

店铺类目	保证金金额/元	店铺类目	保证金金额/元
女士箱包/配件	1000	闪存卡	1000
移动联通充值中心/IP长途	1000	女装/女士精品	1000
户外/军品/旅游/机票	1000	网络游戏虚拟商品交易区	1000
童装/婴儿服/鞋帽	1000	计算机硬件/桌面计算机/网络设备	2000
食品/茶叶/零食/特产	1000	饰品/流行首饰/时尚饰品	500
床上用品/靠垫/窗帘/布艺	500	个人护理/保健/按摩器材	1000
男鞋/男包/饰品配件	1000	宠物/宠物食品及用品	1000
演出/旅游/吃喝玩乐折扣券	1000	电玩/配件/游戏/攻略	2000
鲜花速递/蛋糕配送/园艺花艺	1000	珠宝/钻石/翡翠/黄金	2000
数码相机/摄像机/图形冲印	2000	书籍/杂志/报纸	300
装潢/灯具/五金/安防/卫浴	1000	IP卡/网络电话/在线影音充值	1000
手机	2000	音乐/影视/明星/乐器	500
家用电器/保健器械	2000	网络服务/计算机软件	1000
办公设备/文具/耗材	1000	古董/邮币/字画/收藏	2000
彩妆/香水/护肤/美体	2000	成人用品/避孕用品/情趣内衣	未开放
家用电器/HiFi音响/耳机	2000	腾讯QQ专区	未开放
——	——	旅行社	10000

（六）退出"消费者保障服务"

退出"消费者保障服务"后，卖家店铺的"消费者保障服务"标志将被取消，如协议期内用户没有违反淘宝各项规章的行为，且至协议终止后3个月内，用户没收到任何第三方投诉或发生交易纠纷，则淘宝将在上述期满后的10个工作日内向支付宝公司发出指令，解除对保证金的冻结。

商品上传完成后就需要对网店进行营销和推广，首先必须抓住顾客的心理，对他们的

购买行为进行分析，然后进行营销和推广。

课后练习

1. 选择一款自己店铺的宝贝，对该宝贝进行标题优化，并检验效果。
2. 加入淘宝帮派，回答问题，适时宣传自己的店铺。
3. 请您为自己的店铺书写一篇美文，分别在QQ群、论坛、博客、微博等站外平台进行推广。

拓展阅读

什么是站外网络推广

站内的网店推广，可以说为买家提供了更多选择和比较的空间，这里积攒了大量的买家和卖家，有很强的人气，使推广更具有针对性，推广的优势不言而喻。除了站内提供的推广方式，作为卖家还应多多关注站外推广。

所谓站外推广，是指网店所在网站以外的其他网站平台。现在主要有淘宝网、百度有啊、腾讯拍拍、易趣网店、阿里巴巴商城等。站外推广有助于网店信息被更多的网友看到，更有利于搜索引擎收录，因为现在大多数人上网查找信息，都是利用搜索引擎，现在大的搜索引擎有百度、google（谷歌）、腾讯SOSO、搜狐的搜狗、网易的有道、微软的bing等。尤其是淘宝网，主动屏蔽百度收录，网友很难在百度上搜索到淘宝网店里的任何信息，这时站外推广就显得尤为重要。

一、博客营销推广

博客，又译为网络日志、部落格或部落阁等，是一种通常由个人管理、不定期张贴新的文章的网站。

博客上的文章通常根据张贴时间，以倒序方式由新到旧排列。许多博客专注在特定的课题上提供评论或新闻，其他则被作为比较个人的日记。一个典型的博客结合了文字、图像、其他博客或网站的链接及其他与主题相关的媒体，能够让读者以互动的方式留下意见，是许多博客的重要内容。大部分的博客内容以文字为主，仍有一些博客专注在艺术、摄影、视频、音乐、播客等各种主题。博客是社会媒体网络的一部分。

（1）博客的选择。博客的选择有很多，如百度空间、新浪、博客大巴、搜狐、网易等。由于百度空间作为百度产品之一，百度赋予权重会更高，很多人都会选择百度空间，但由于百度空间并非建立了百度便会收录，但一旦收录其排名必然靠前。当前新浪博客更为火热，建议大家选择。而网易博客由于设置了nofollow属性，不再传递权重，在这里不建议选择。

（2）吸引流量的技巧。

①内容要"精",具有可读性。博客内容的质量是博客生存的基础。好的博客不要只是转载,还应该有适量的原创,在发表美文的同时添加音乐和装饰,使博客更具有吸引力。

②做好博文的标题设置。撰写有创意的博文标题,争取博客圈的推荐,吸引看客的单击浏览。

③关注博客与博客间的互联。对于一个正常的博客,它的流量大概有20%来自其他的博客,40%来自老访客,其他40%是来自搜索引擎的搜索。如何提高你的博客与搜索引擎之间的"友好"合作,除需要你多发表原创博文外,还需要多设置一些链接、多重复关键词,你可以在每篇文章的最后,提供相关文章的链接来积累流量,让新的访客很方便地深入探索你的博客。多链接一些有一定流量的博客,以增加更多的访客流量。

④学会撰写软文。软文的精妙之处就在于,它藏而不露,如春风化雨、润物无声。使访客在轻松愉悦的阅读过程中了解你及你的店铺,并产生单击你店铺的欲望,增加店铺的访问量,促进成交。

二、微博营销推广

随着近几年微博的发展,使用人数也不断地增长,微博营销已成为一种常见的、必备的推广方法之一。然而,微博营销并不像论坛推广那样简单,随便发个帖子或者是一条外链,发了帖子就会有人去看,仅仅是多少而已,即使没人去看,对你也不会有什么危害。微博则不然,不合时宜的广告帖,不但起不到宣传作用,搞不好还会殃及微博的命运,让你的微博人气尽失,成为一个无人问津的死博,那么到底该如何才能发挥微博营销的推广作用呢?

(1) 微博账户使用网店名。微博账户的头像也要与店铺的Logo完全一致。在微博资料里边,可以输入店铺地址和店铺介绍,让看过资料的人感到这个微博账户就是某网店的官方账户,具备唯一性;接下来在最初的几条广播里郑重说明此微博账户的用途,让看见你微博的人知晓。这么做的益处有两方面:一方面加深用户对你的印象,另一方面易于收听你的广播,成为你的忠实粉丝。同时,我们可以在微博里将客服平时办公、仓储状态、发单事情状况以图片的形式上传,甚至秀秀卖家的萌图,增加卖家与网友的亲切感。

(2) 迅速积累,归属自己的粉丝。当店铺真实地显露在微博中后,我们就可以开始积累自己的粉丝了。怎么样积累粉丝?这里可以推荐一个快捷的办法:以腾讯微博为例,我们可以利用微博搜索功能来搜索与自己店铺商品有关的话题和寻觅自己的粉丝。在微博建立之初,一要做到每天广播一定量具有实际意义的内容。二要增加听众。维持定期定量的广播更新就可以增加曝光率,而寻觅话题和粉丝则是营销自始至终的关键。只有这样才能不断地累积和增加粉丝。当你的粉丝多了,一定会有更多的人来主动加你,这就是"微博粉丝效应"。

(3) 开展对客户既切合实际又有好处的活动,如开展有奖活动;供给不收费奖品吸引更多的听众,这种形式可以在短期内取得一定的用户;还有宣布特别降价或打折扣信息;供给限时内的商品打折或秒杀活动,定时宣布一点儿促销商品,这种办法会给粉丝带去切

第四章 网店营销与推广

合实际的让利，有意图的客户一定会关心注视你。

（4）与听众互动交流。要不时关心注视听众对自己的看法和回应，尤其是那些想和你沟通的听众，要趁早回复，诚恳地对待他们，你诚恳的回复就是对他们的尊重。当你经过长时期的相互交流后，听众一定会忠实于你、信任你，与你保持更亲密的关系。

三、QQ推广

QQ作为一种IM工具，中国几乎有90%的网民都在使用，如何充分利用这个成本低、操作又简单的工具进行营销推广呢？

（1）建群推广。建群圈人，建立一批群锁定自己的顾客群。通过对锁定的群员进行广告、软文或者表情等方式每天轰炸，增强对你店铺的印象和商品功能的了解。

（2）QQ群信息。QQ群信息推广，修改好自己的网名和个性签名以及群名片，使其作为一个介绍的地方，不要一进群就发广告、链接；可以多参与别人的讨论，在发布聊天的时候你的网名就是一个很好的宣传工具。

（3）QQ群邮件推广。

①邮件的标题要设置好。要吸引人，标题不能过长，过长显示不全。最合理的字数在13字以内！

②邮件正文。发邮件的目的是推你的店铺，网址是必不可少的！我们可以借助百度收藏（http://cang.baidu.com）这个工具来做一次跳转！可以增加腾讯的信任。

③QQ群共享上传推广。QQ群分享，通过自己资源的分享实现推广。对于QQ群分享这种推广方式，主要针对一些技术性的、资源性的群，会收到很好的效果。通过软文加链接，软件加木马或介绍。因为顾客群精确，对这方面都具有很高的需求，推广的转换率很高。这种方式的难点是如何吸引大家去分享、留意你的推广，最直接的解决办法就是你在群里经常进行提示，如果是自己的群，直接进行群公告就可以了。

四、邮件推广

因为方便、快捷、成本低廉的特点，邮件成为目前使用最广泛的方式，是一种有效的推广工具。它常用的方法包括邮件列表、电子刊物、新闻邮件、会员通信、专业服务商的电子邮件广告等。拥有潜在用户的E-mail地址是开展E-mail营销的前提，这些地址可以是企业从用户、潜在用户资料中自行收集整理，也可以利用第三方的潜在用户资源。如果邮件发送规模比较小，可以采取一般的邮件发送方式或邮件群发软件来完成；如果发送规模较大，就应该借助于专业的邮件列表发行平台来发送。发送邮件一定要是基于对方许可的前提下进行发送，以达到推广品牌、产品或服务的目的。同时减少广告对用户的滋扰、增加潜在客户，定位的准确度还可以增强与客户的关系，提高品牌忠诚度。

进行邮件推广需注意以下几点：

（1）发邮件前要得到对方的允许。我们在回复客户邮件的时候可以在邮件中设一个控键，让客户选择是否接受我们发给他的同类商品信息（默认为接收），控键自动将用户的信息返回到我们的系统中。

（2）邮件内容要有趣、吸引人。

（3）邮件的视觉效果、文字内容、产品信息3个方面可以分别建出模板，从而一劳永逸。

（4）在邮件的最后要附上一段，告诉别人如果不想再收到你的邮件该怎么做。可以让客户到我们的网站去取消（最好是那种需要客户仔细浏览网页才能找到的位置），这样有助于提高网站流量和流量质量。

（5）邮件要短。没人喜欢看冗长的邮件。可设置一些超链接让客户直接点击进入你的公司网站，了解更多信息。

（6）客户的邮件一定要在一个工作日内回复。

（7）绝对不要发垃圾邮件。

（8）不要全用大写的字母写邮件，这让人感觉你在大叫或者在吼，还很粗暴。

（9）不要用缩写。这是懒惰的表现，容易跟商品形象相联系。

（10）邮件中不要出现彩色字和艺术字，要表现得专业，通篇只用一个字号和黑色字体。

此外，站外营销的方式还有很多，如口碑营销、SNS平台营销、搜索引擎营销等，我们可以根据自身情况进行推广。

这是个追求高效快捷的时代，没有人愿意花时间和精力特意去"深巷中寻找美酒，酒是否香"需要大力宣传后，才会初步取得买家信任，所以，要销量，必须对商品进行宣传推广，长期有效的推广是决定你的销量和你店铺是否能够存活的关键。

数据化运营

【知识目标】
1. 了解生意参谋的相关基础知识。
2. 了解生意参谋的使用方法。
3. 了解其他数据分析工具的使用。

【技能目标】
1. 会运用生意参谋对数据进行实时分析。
2. 能够使用生意参谋对数据进行高级分析。
3. 能够使用其他数据分析工具分析网店数据。

【知识导图】

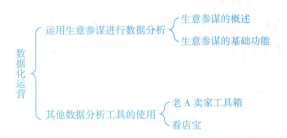

案例导入

亚马逊的"信息公司"

如果说全球有哪家公司从大数据中发掘出了最大价值，截至目前，答案可能非亚马逊莫属。亚马逊也要处理海量数据，这些交易数据的直接价值更大。作为一家"信息公司"，亚马逊不仅从每个用户的购买行为中获得信息，还将每个用户在其网站上的所有行为都记录下来：页面停留时间、用户是否查看评论、每个搜索的关键词、浏览的商品等。这种对数据价值的高度敏感和重视以及强大的挖掘能力，使得亚马逊早已远远超出了它的传统运营方式。

亚马逊CTO（首席技术官）Werner Vogels在CeBIT上关于大数据的演讲，向与

会者描述了亚马逊在大数据时代的商业蓝图。长期以来，亚马逊一直通过大数据分析，尝试定位客户获取客户反馈。"在此过程中，你会发现数据越大，结果越好。为什么有的企业在商业上不断犯错？那是因为他们没有足够的数据对运营和决策提供支持，"Werner Vogels说："一旦进入大数据的世界，企业的手中将握有无限可能。"从支撑新兴技术企业的基础设施到消费内容的移动设备，亚马逊的触角已触及更为广阔的领域。

案例分析：

亚马逊的各个业务环节都离不开"数据驱动"的身影。在亚马逊上买过东西的人可能对它的推荐功能都很熟悉，"买过X商品的人，也同时买过Y商品"的推荐功能看上去很简单，却非常有效，同时这些精准推荐结果的得出过程也是非常复杂的。

第一节　运用生意参谋进行数据分析

2015年淘宝常用的数据分析工具换新了，生意参谋替代了量子恒道，强大自己的数据分析能力才能让店铺发展更为顺利。

对于免费的数据分析工具，当下最好的选择无疑是生意参谋了，它拥有和量子恒道一样的功能，同时也有量子恒道没有的功能，总之可以称为量子恒道的升级版。

一、生意参谋的概述

生意参谋诞生于2011年，最早是应用在阿里巴巴B2B市场的数据工具。2013年10月，生意参谋正式走进淘系。2014—2015年，在原有规划的基础上，生意参谋分别整合量子恒道、数据魔方，最终升级成为阿里巴巴商家端统一数据产品平台。2016年，生意参谋累计服务商家超2000万，月服务商家超500万。

生意参谋是阿里巴巴集团着力打造的首个商家统一数据平台，面向淘宝网、天猫商家提供一站式、个性化、可定制的商务决策体验，集成了海量数据及店铺经营思路，新增了自助取数、单品分析、商品温度计、实时直播大屏等新功能，让商家享受大数据赋予的价值。

二、生意参谋的基础功能

生意参谋首页包含的功能模块主要有店铺实时数据、实时商品访客排行、店铺行业排名、店铺经营概况、流量分析（流量构成、PC端与无线端的流量来源、入店关键词）、商品分析、商品销量Top区域交易分析、服务分析、营销分析、市场行情等。用户可进行"店铺经营全链路360°　无死角核心数据分析"。

（1）实时指标：提供了访客数、支付金额、支付买家数的昨日全天数据和实时数据及实时的无线占比等，如图5-1所示。

图5-1 实时指标

（2）实时商品访客排行。该模块提供了商品实时访客数的Top3列表，如想查看更多的商品列表，可以单击实时榜单。

（3）店铺行业排名。该模块提供店铺近30天支付宝金额的排名和层级以及与前日对比情况。若是天猫商家，则显示"以下层级与排名根据天猫商城商家最近30天的支付宝成交金额计算"；若是淘宝商家，则显示"以下层级与排名根据淘宝集市商家最近30天的支付宝成交金额计算"。

（4）店铺经营概况。店铺核心指标区域，不仅排名情况、销售目标进度等，还提供同行同层的平均值和优秀值供参考对比，可支持自定义选择日期，如图5-2所示。

图5-2 店铺经营状况分析

（5）流量分析（图5-3）。流量质量指标包括访问店铺、访问商品、转化、访客数、浏览量等。

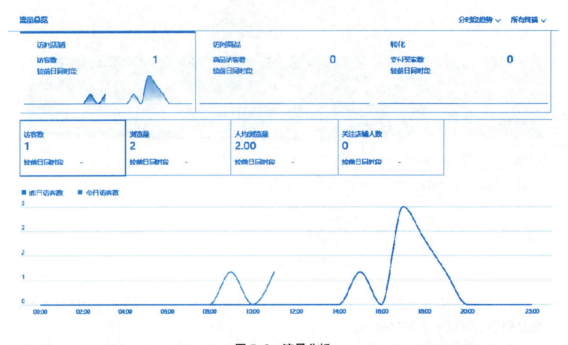

图5-3　流量分析

（6）商品分析。商品转化指标包括加购件数、收藏次数、平均跳出率、较前一日变化率、较上周同期变化率；商品总体情况指标包括在售商品总数、被访问商品数、被下单商品数、被支付商品数、被支付商品数。

（7）商品销量Top区域包括商品名称、商品价格、支付金额、较前一日变化率，按支付金额降序排列取前4名。

（8）交易分析。交易转化指标包括下单买家数、支付买家数、支付子订单数、较前一日变化率、较上周同期变化率；最近1天类目交易Top 5包括类目名称、支付金额、支付金额占比。

（9）服务分析。退款金额：最近1天退款金额、最近1天退款金额较前一日变化率、最近1天退款金额较上周同期变化率、最近7天退款金额；服务评分区域包括描述相符评分、服务态度评分、发货速度评分、较前一日变化率、较同行平均水平差距百分位；评分最近30天趋势图，默认显示描述相符指标。

（10）营销分析。我的营销工具效果Top 3包括营销工具名称、支付金额；按支付金额降序排列，取前5名；最近1天我的营销工具Top 3包括营销工具名称、支付金额。图5-4所示为交易分析。

图 5-4　商品交易分析

第二节　其他数据分析工具的使用

一、老 A 卖家工具箱

老 A 卖家工具箱是以平台模式为框架，集众多功能于一体的网店运营工具包，包括老 A 生意经、老 A 搜词精灵、老 A 对手分析精灵、老 A 当天进店流量分析、老 A 宝贝定价分析精灵、老 A 老客户营销 CRM、老 A 详情页镜像拍立得、老 A 自动派券精灵、老 AERP、老 A 设计魔方、老 A 螺旋神器、老 A 市场分析精灵、老 A 店铺数据分析工具等，如图 5-5 所示。

二、看店宝

看店宝（http：//www.kandianbao.com/）是致力于提供方便有效而且永久免费的淘宝卖家工具。看店宝是运用数据分析技术分析淘宝各种运营数据，全方位地剖析店铺运营瓶颈，解开标杆店铺的经营秘密，掌控竞争对手店铺的实时销售数据、广告投放、活动推广、买家购买行为分析，免费为用户提供淘宝 SEO 优化服务、淘宝营销服务、淘宝宝贝销售信息、店铺实时销售数据和经营分析报告、直通车优化数据、竞争店铺流量分析等各项免费在线查询淘宝卖家工具网站，旗下产品有看店宝，合作产品有店侦探插件等，如图 5-6 所示。

157

图 5-5　老 A 卖家工具箱界面

图 5-6　看店宝

当前,生意参谋替代了量子恒道,强大自己的数据分析能力才能让店铺发展得更为顺利。除此之外,还可利用和掌握数据分析工具(如老A卖家工具箱和看店宝),轻轻松松地开网店。

为自己的店铺开通生意参谋功能,对最近30天的流量、销量进行分析,得出主要流量来源并挖掘潜力爆款,做出下一步推广和运营方案。

拓展阅读

花钱花在刀刃上

说到流量的重要性,肯定是不言而喻的。流量就是记录有多少人访问过你的店铺,正常情况下,访问的人数越多,那自然产生成交的可能性就越大。有流量了,我们就需要了解流量的来源渠道:一看哪个渠道的流量质量更好,即转化率更高,我们就在该渠道加大引流力度;二看哪个渠道流量来得多,占比大,要考虑该如何做好这波流量的转化,带动销量。

一、如何看流量来源?

(1)生意参谋—经营分析—流量地图。

(2)可以选择PC端、无线端来详细查看具体流量来源相关的数据。这些功能模块不仅提供了按日、按月,还提供了"最近7天""最近30天"的数据,这是其他数据工具没有提供的。因为看数据,一定得有一定量的累计,周、月、季度、年来看,要看趋势、看变化才能知道流量是否健康。

二、流量来源明细如何看?

流量来源主要分为5个版块:淘内免费、自主访问、淘外流量、付费流量和其他。

(1)淘内免费。其最主要的来源为"淘宝搜索"和"天猫搜索",这些是自然搜索的流量,如果这两个来源非常低,就要思考在标题关键词优化、宝贝上下架时间等下功夫,同时跑起销量,增加搜索排名。

像中型、大型卖家,参加淘宝或者天猫的大型活动的露出,便可以通过"天猫活动"这一来源来看。这次活动具体给我带来了多少流量?转化怎么样?一共产生多少成交?通过淘内免费来源明细就可以清楚地知道。

(2)自主访问。自主访问主要为消费者直接访问,如加购物车、收藏等,我们可以

明确地感受到这波消费者的购买意图更强,转化率相对会更高。这时就可以考虑是不是做好,如收藏店铺领 5 元优惠券等做法,更好地提高这一来源的成交。

(3)淘外流量。淘外流量大多是来自百度、谷歌等一些搜索引擎的流量,这样对于一些定期投放这类搜索引擎的中大型卖家来说,可以更好地、有的放矢地挑选转化高、成交多的来源渠道,更大力度地推广。

(4)付费流量。其来源有淘客、直通车、钻展、聚划算等,可以简单明了地了解这些来源的表现。付费渠道带来的转化率高的就可以加大推广,把钱花在刀刃上。

(5)其他。访客通过上述列出的渠道之外的其他渠道进入您店铺。这部分流量来源量一般比较小,可能是一些临时的页面、活动等带来的。

关于指标选择,流量来源的指标主要分为流量指标、引导转化指标、支付指标 3 块。在看哪个细分的流量来源的渠道比较好时,可以通过"引导转化指标"的收藏人数、加入购物车人数、跳失率等维度来看,如果这个来源渠道更多人收藏、加购物车,且更低的跳失率,那么比较其他差不多的渠道,更值得多投入些。

三、无线端流量来源明细

无线端的流量来源,其原理同 PC 端,就是来源渠道会有不同,如无线端特有的微淘,看看自己店铺的表现,看自己值不值得更多的时间精力投入。

无线端还可以分 App 查看来源,如天猫 App、淘宝 App、无线 Wap(手机浏览器)、聚划算 App 等具体来源表现。一般主战场,带来的贡献成交最多的是淘宝 App,且客单价高,天猫 App 其次;Wap 端贡献较差,虽然带来流量还可以但是转化一般较低。

四、看同行,做比较

"知己知彼,百战不殆"。除了可以看自己的流量来源情况之外,还可以看看同行的表现情况。自己的流量来源和同行相比是否属于平均正常值?或者同行表现好的来源渠道自己是否利用上了?

第六章 网店的管理

【知识目标】

1. 了解网店客服管理的相关知识。
2. 了解网店库存管理的相关知识。
3. 了解网店物流管理的相关知识。

【技能目标】

1. 会运用客服管理知识处理与客户的关系。
2. 能够使用库存管理管理店铺商品。
3. 掌握物流管理技能，使商品流通起来。

【知识导图】

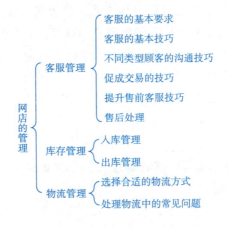

案例导入

香水也疯狂

浙江小也网络科技有限公司成立于2003年12月，是业内领先的化妆品在线零售商。主营全球一线品牌化妆品，包括香水、护肤品、彩妆以及个人护理品等。经过多年的专注经营，今天的小也已成为中国最大的化妆品在线零售商，经营的化妆品品牌超过600个，发货包裹数峰值超过8000个，发货订单峰值超过12000笔。

小也香水的创始人肖尚略，1978年生于安徽。2003年，在广州做香水生意。2003

年之后，到杭州建立了自己的淘宝店铺，成立了"小也香水smallye"，主营化妆品、护肤品、香水和彩妆。2010年1月，肖尚略带领小也香水升级淘宝双金冠。2010年8月小也香水升级成了淘宝三金冠店铺，现今每日订单量4000笔，年销售额近2亿元人民币。

发展历程：

2003年12月，小也淘宝店正式营业，经营范围涉及香水、护肤、彩妆。

2007年5月，小也香水拍拍店注册营业。

2009年11月，小也公司2500平方的物流中心建立。

2010年1月，小也淘宝店信用指数突破100万，升级双金冠。

2010年10月，小也官方旗舰店入驻天猫。

2010年11月，小也淘宝店信用指数突破200万，荣登三金冠。

2011年3月，香水类产品从小也三金冠店独立出来，开设小也香水淘宝店，原小也三金冠店改名小也化妆品店，专注经营化妆品。

2011年8月，挚信资本对小也网络融资1500万美元。

2011年10月，小也B2C商城正式上线。

2012年3月，小也香水淘宝店信用指数突破50万，成为香水行业唯一金冠。

2012年4月，小也香水以12%的市场份额，成为淘宝香水类目的行业第一。

2012年4月，小也化妆品店信用指数突破500万，荣登四金冠。

2012年5月，小也香水进驻京东商城，加强打造时尚、专业的综合服务平台。

2012年10月，小也累计700万次好评，日访客峰值超过80万，会员人数突破200万。

2013年6月，小也化妆品开始"小也美妆团购"的试运行。

案例分析：

对于像小也这样的香水品牌，店铺客服相当于实体店的专业导购，对于商品的最终成交起着至关重要的作用。

第一节　客服管理

网店客服部门是承载顾客投诉、订单业务受理（如新增、补单、调换货、撤单等），通过各种沟通渠道获取参与顾客调查、顾客直接联系的一线业务受理部门。

作为承上启下的信息传递者，网店客服部门还肩负着及时将顾客的建议传递给其他部门的重任，如来自顾客对于款式的建议、线上下单操作修改反馈等。

一、客服的基本要求

（一）素质要求

（1）责任心。这是员工无论在哪个岗位，都必须具备的良好品质。无论身在哪个岗位都要把自己的岗位当成最重要的岗位，而客服是战斗在一线的岗位，可以说客服是一个店铺的形象大使，更要尽职尽责地做好，不能做只会应答的机器人。

（2）耐心。网上在线服务顾客，需要客服有足够的耐心。有些顾客会问比较多的问题，这是因为顾客有疑虑或者比较细心，这个时候需要客服耐心地解释和解答，打消顾客的疑虑，满足顾客的需要。

（3）细心。面对店铺中多则百种的商品以及不同的顾客，需要客服非常细心地对待。一点点的错漏和贻误都会耗费许多时间和精力来弥补。

（4）换位思考。客服要把自己当作顾客，设身处地地体会顾客的处境和需要，为顾客提供更合适的商品和服务。

（5）自控力。作为一项服务性工作，客服要有一个好的心态来面对工作和顾客，客服的心情好了也会带动顾客。毕竟网上形形色色的人都有，有好交流的，也就有不好交流的。遇到不好交流的顾客，客服就要控制好自己的情绪，耐心地解答，有技巧地应对，工作时严禁把私人情绪带到工作中。

（二）知识要求

（1）商品专业知识。客服应当对商品的种类、材质、尺寸、用途、注意事项等都有所了解，最好还应当了解行业的有关知识，对商品的使用方法、洗涤方法、修理方法等有基本的了解。

（2）网站交易规则。客服应该让自己从一个顾客的角度来了解淘宝的交易规则，以更好地把握自己的工作细节。有的时候，顾客可能是第一次在淘宝网交易，不知道该如何进行，这个时候除了要指点顾客查看淘宝的交易规则之外，还需要在某些细节上一点点地指导顾客如何操作。

（3）支付宝的流程和规则。客服应了解支付宝交易的原则和时间规则，可以指导顾客通过支付宝完成交易，查看支付宝交易的状况，更改现在的交易状况，等等。

（4）物流知识。客服应了解不同快递公司、快递业务、邮寄的信息，了解不同邮递方式的价格、速度、联系方式、查件方式。

二、客服的基本技巧

（一）微笑是对顾客最好的欢迎

虽说网上与顾客交流是看不见对方的，但文字之间是可以感受到真诚的。聊天时多用些表情，可将自己的情感信号传达给对方。

（二）保持积极态度

奉行"顾客永远是对的"这一理念，打造优质的售后服务。当售出的商品出现问题的时候，不管是顾客的错还是快递公司的问题，客服都应该及时解决，而不能回避、推脱。

要积极主动地与顾客进行沟通,对顾客的不满要反应敏捷、积极,尽量让顾客觉得自己是受重视的,尽快处理顾客的反馈意见,让顾客感受到尊重与重视,能补货最好尽快再给顾客补发货过去。除了与顾客之间的金钱交易之外,还应该让顾客感觉到购物的乐趣和满足。

(三)礼貌对客、多说谢谢

当顾客及时地完成付款,或者很痛快地达成交易后,客服应该衷心地对顾客表示感谢,感谢对方这么配合客服的工作,感谢对方为交易节约了时间。

礼貌对客,让顾客真正感到被尊重。顾客进店先说一句:"欢迎光临,请多多关照!"或者"欢迎光临,请问有什么可以帮忙的吗?"诚心致意会让人有一种亲切感,并且可以先培养一下感情,这样顾客心理上的抵抗感就会减弱或消失。有时顾客只是随便到店里看看,客服也要诚心地说声:"感谢光临本店,有任何需要或者不明白的,我随时在线为您解答。"诚心致谢是一种心理投资,不需要什么代价,但可以收到非常好的效果。

(四)坚守诚信

网络购物虽然方便、快捷,但唯一的缺陷就是看不到、摸不着。顾客面对网上商品难免会有疑虑和戒心,所以对顾客必需要用一颗诚挚的心,像对待朋友一样,包括诚实地解答顾客的疑问、诚实地告诉顾客商品的优缺点、诚实地向顾客推荐适合他的商品。

坚守诚信还表现在一旦答应顾客的要求,就应该切实地履行自己的承诺,哪怕自己吃点亏,也不能出尔反尔。

(五)凡事留有余地

在与顾客交流中,不要用"肯定、保证、绝对"等字眼,这不等于售出的产品是次品,也不表示对买家不负责任,而是不让顾客有失望的感觉。因为每个人在购买商品的时候都会有一种期望,如果保证不了顾客的期望,最后将会变成顾客的失望。例如,不能保证仓库发货时能按照要求发小礼物,当出售货品在路程中时不能保证快递公司不误期、不丢失、不被损坏。为了不让顾客失望最好不要轻易做保证。如果用正常情况下、尽量、努力、争取等词语,效果会更好。多给顾客一点真诚,也给自己留下一点余地。

(六)处处为顾客着想,用诚心打动顾客

让顾客满意,重要的一点体现在真正为顾客着想。处处站在顾客的立场,想顾客所想,把自己变成一个买家助手,卖家就要尽量为对方争取到最大的优惠。顾客在购买时,可以引导顾客购买套餐或者多件,给予多件包邮等。为顾客争取最大的优惠,以诚感人,以心引导人,这是最成功的引导顾客的方法。

(七)虚心请教,多听顾客声音

了解顾客的情况,才能仔细对顾客定位,才能了解顾客属于哪一类消费者。尽量了解顾客的需求与期待,努力做到只介绍对的、不介绍贵的商品给顾客。做到以客为尊,满足顾客需求才能走向成功。

当顾客表现出犹豫不决或者不明白的时候,应该先问清楚顾客困惑的内容是什么,是哪个问题不清楚,如果顾客的表述也不清楚,可以把自己的理解告诉顾客,问清楚是不是

这种理解，然后针对顾客的疑惑给予解答。

（八）要有足够的耐心与热情

常常会有一些顾客，喜欢打破砂锅问到底，这时候就需要客服有足够的耐心与热情去回复顾客。有些顾客在所有问题问完了之后也不一定会立刻购买，这时客服不能表现出不耐烦，就算顾客不买也要说声"欢迎下次光临"。如果这次服务得好，顾客下次可能会购买。

（九）做个专业卖家，给顾客准确的推介

不是所有的顾客对产品都是了解和熟悉的。当有的顾客对产品不了解的时候，在咨询过程中，客服就要了解自己产品的专业知识，更好地为顾客解答，帮助顾客找到适合他们的产品。

（十）活用沟通的语气和表情

在聊天工具上和顾客对话，应该尽量使用活泼生动的语气，不要让顾客感觉到客服在怠慢他。虽然很多顾客会想："哦，客服很忙，所以不理我。"但是在顾客心里还是觉得自己被忽视了。这个时候客服如果实在很忙，不妨客气地告诉顾客："对不起，我现在比较忙，我可能会回复得慢一点，请理解。"这样，顾客可能会理解并且体谅客服。

尽量使用完整且客气的语句来回答顾客的提问，避免用"是""是的""好""好的""不行""不议价"等简短生硬的语句回复。

（十一）设置自动回复和状态

可以通过聊天工具的状态设置给店铺做宣传。例如，在状态设置中写一些优惠措施、推荐商品、活动结束倒计时等。

如果暂时不在岗位上，可以设置自动回复，这不至于让顾客觉得自己好像没人理，也可以在自动回复中加上一些自己的话语，这些都能起到较好的效果。

（十二）遇到问题多检讨自己，少责怪对方

客服在遇到问题的时候，先想想自己有什么做得不对，诚恳地向顾客检讨自己的不足。例如，有些内容明明写了，可是顾客没有看到，这个时候不要光指责顾客不好好看商品说明，而是应该责怪自己没有及时提醒顾客。

（十三）表达不同意见时尊重对方立场

当顾客表达不同的意见时，客服应力求体谅和理解顾客，表现出"我理解您现在的心情，目前……"或者"我也是这么想的，不过……"这样顾客会觉得客服理解他的想法，能够站在他的角度思考问题，同样，顾客也会试图站在客服的角度来考虑。

（十四）保持相同的谈话方式

尽量保持和顾客的谈话步调一致。如果对方谈话严谨，就需要用专业的态度去回复；如果对方是年轻人，喜欢轻松俏皮的说话方式，就不宜使用一板一眼的回复。如果客服常常使用网络语言，在和顾客交流的时候，顾客对使用的网络语言不理解，会感觉到交流有障碍，而且有的顾客也不太喜欢网络语言，所以建议客服在和顾客交流的时候，尽量不要使用太多的网络语言。

（十五）坚持自己的原则

在销售过程中，客服经常会遇到讨价还价的顾客，这个时候客服应当坚持自己的原则。如果商家在制定价格的时候已经决定不再议价，那么客服就应该向要求议价的顾客明确表示这个原则。例如，如果某顾客并不符合包邮优惠条件，而享受包邮了，虽然该顾客高兴了，但也会产生不好的影响——其他顾客会觉得不公平，使店铺失去纪律性；给顾客留下经营管理不正规的印象，从而小看店铺；给顾客留下价格和产品不成正比的感觉，否则为什么还有包邮的利润空间呢？顾客下次来购物还会要求和这次一样的特殊待遇，或进行更多的议价，这样店铺需要投入更多的时间成本来应对。

三、不同类型顾客的沟通技巧

（一）顾客对商品缺乏认识，不了解

这类顾客的商品知识缺乏、疑虑多且依赖性强。对于这类顾客需要客服像朋友般细心解答，从顾客的角度出发向他推荐，并且告诉他推荐这些商品的原因。对于这样的顾客，解释得越细致，顾客就会越信赖。

（二）顾客对商品有些了解，但是一知半解

这类顾客对商品了解一些，比较主观，易冲动，不太容易信赖他人。面对这类顾客，客服就应控制情绪，专业而真诚的回答，会让顾客增加对客服的信赖。

（三）顾客对价格要求不同

议价是顾客的天性，可以理解。客服可以引导顾客换个角度来看商品，让他感觉货有所值，他就不会太在意价格了，也可以建议顾客先货比三家。总之要让顾客感觉客服的服务是热情真诚的，千万不可以说本店不还价等伤害顾客自尊的话语。

有的顾客听客服说不议价后就不再议价，对待这样的顾客要表达感谢，并且主动告诉他店铺的优惠措施，让顾客感觉物超所值。

有的顾客会试探性地询问能不能还价，对待这样的顾客客服既要坚定地告诉他不能还价，也要缓和地告诉他宝贝是物有所值的，并且感谢他的理解和合作。

有的顾客就是要讨价还价，不讲价就不高兴。对待这样的顾客，除了要坚定重申店铺的原则外，还要有理有节地拒绝他的要求，不要被他的各种威胁和乞求动摇。适当的时候建议他再看看其他便宜的商品。

（四）顾客对商品要求不同

因为有的顾客买过类似的商品，所以对购买的商品质量有清楚的了解，这样的顾客是很好打交道的。

有的顾客会对图片和描述产生怀疑。对于这类顾客要耐心地解释，在肯定产品图是实物拍摄的同时，要提醒他难免会有色差等，让他有一定的思想准备，不要把商品想象得太过完美。

有的顾客非常挑剔，在沟通的时候就可以感觉到，他会反复问一些问题，如有没有瑕

疵、有没有色差、有问题怎么办、怎么找卖家等。这个时候客服就要意识到这是一个追求完美的顾客，除了要实事求是地介绍商品之外，还要实事求是地把一些可能存在的问题介绍给他，告诉他没有东西是十全十美的。如果顾客还坚持要完美的商品，客服就应该委婉地建议他选择实体店购买需要的商品。

四、促成交易的技巧

（1）利用"怕买不到"的心理。人们常对越是得不到、买不到的东西，越想得到它、买到它。客服可利用这种"怕买不到"的心理促成订单。当顾客已经有比较明显的购买意向，但还在最后犹豫的时候，可以用以下说法来促成交易："这款是我们最畅销的××了，经常脱销，估计一两天又会没了，喜欢的话别错过了哦！"

（2）利用顾客希望快点拿到商品的心理。大多数顾客希望在付款后卖家越快寄出商品越好。所以在顾客已有购买意向，但还在最后犹豫的时候，可以说："如果真的喜欢的话就赶紧拍下吧，我们会立刻给您发货的。"

（3）当顾客一再出现购买信号，却又犹豫不决时，可采用"二选其一"的技巧。例如，客服可以对他说："亲，是看中A款还B款呢，两款一起购买的话还享受包邮呢！"或者说："您看中红色还是黑色呢？"这种"二选其一"的问话技巧，只要顾客选中一个就会购买，其实这就是客服帮顾客拿主意。

（4）当顾客拍下商品时，客服可以问："您是支付宝付款吗？我给您改好邮费您就可以付款了。"这样有支付宝的顾客就会及时付款，顾客完成付款后要告诉顾客一声："您已经付款了，我们会尽快安排发货的。"

（5）帮助准顾客挑选产品。许多准顾客即使有意购买，也不喜欢迅速下订单，总要东挑西选，在产品颜色、规格、式样上不停地打转。这时候客服就要改变策略，暂时不谈订单的问题，转而热情地帮顾客挑选颜色、规格、式样等，一旦上述问题解决，订单也就落实了。

（6）客服采用反问式的回答。当顾客问到某种产品，不巧正好没有时，就得运用反问来促成订单。例如，顾客问："这款有金色的吗？"这时客服不可回答没有，而应该反问道："不好意思，这款衣服设计之初我们设计师就觉得金色并不适合这个款式的，所以没有生产，我们有黑色、紫色、蓝色的，在这几种颜色里，您比较喜欢哪一种呢？"

（7）当顾客拿不定主意，需要客服推荐的时候，客服可以尽可能多地推荐符合顾客要求的款式，在每个链接后附上推荐的理由，而不要找到一个推荐一个。推荐时可这样说："这款是刚到的新款，目前市面还很少见的"或者"这款是我们最受欢迎的款式"。

五、提升售前客服技巧

售前客服是与客户直接交流的重要角色，在这一小节中，我们将学习售前客服的相关知识，使大家进一步提升售前客服的技巧。通过活动一，学习售前客服如何与客户进行有效的沟通，包括阿里旺旺和电话两种沟通方式，从而达到售前沟通顺畅的目的；通过活动二，掌握网店导购技巧，尽可能实现关联销售，提高询单转化率和客单价；通过活动三，解答售前客服常见问题，有效促成网店交易的完成。

（一）沟通技巧

随着网购方式的多样化和便捷化，网购人群日益庞大，售前客服作为店铺形象的第一体现人，其工作岗位越来越重要，工作压力也与日俱增。我们的淘宝服装店也不例外，经过前面客服管理知识的学习，对自己的客服团队加强了管理和培训，对售前客服的工作进行调整和优化，无论是用阿里旺旺还是用电话与顾客进行沟通，都要求客服掌握沟通技巧，说服顾客，提高成交率。下面大家就来看看如何提升团队沟通技巧。

第一步：回复热情，快速响应。

高超的技能素质和良好的品格素质是一个优秀的售前客服必须具备的职业素质，而沟通技巧又是售前客服职业技能中最重要的内容，售前客服与客户保持良好的沟通是促成交易完成的重要步骤之一。与客户沟通交流、为客户解惑答疑是售前客服每日的工作内容，他们在这个服务岗位每天会面对形形色色的客户，必须要学会如何展开愉快的沟通。

俗话说："良言一句三冬暖，恶语伤人六月寒。"短短的欢迎语能产生意想不到的效果。我们要求客服要对进店咨询的买家先回复一句"您好，欢迎亲光临本店，有什么可以帮助您的吗？"让顾客觉得有一种亲切感，而不是冷冷地回答一句"在"，否则只会给顾客留下冷漠和敷衍的印象。我们深知使用"好""嗯""没"这一类的语言与客户沟通是非常不可取的，要坚决避免出现此类看似回答顾客疑惑却带来极差客户购物体验的沟通和交流，如图6-1所示。

图6-1　冷漠回复顾客

第二步：运用交流技巧，活跃对话氛围。

我们认为客服在一定意义上代表着店铺，顾客很容易将客服的态度等同于整个店铺的态度。为营造和谐轻松的氛围，让顾客感受到店铺客服的热情和亲切，增加对卖家的好感，客服在沟通过程中应多运用幽默的话语和旺旺的动态表情，如图6-2所示。

图6-2　善于运用旺旺表情

当然文字运用要适量，太多的文字描述会让顾客抓不住重点。客服应在与顾客交谈中经常使用"亲""咱们""好的哦"等词语，通过称呼创造一种交谈的亲切感，从源头上消除顾客的抵触心理，从而提高询单转化率。

第三步：使用灵活性语言，保持良好沟通。

我们要求客服在与顾客进行沟通时，尽可能保持语言上的灵活性。如图6-3所示，面

图6-3　灵活回复顾客

对顾客冷淡的回答，客服先是肯定顾客的意见，然后用"不过"进行转折，积极地为顾客介绍店铺的新商品，使销售过程得以顺利进行。

面对顾客冷淡的回答，倘若客服只是简单生硬地做出应答，那么便很难激起顾客想要了解的兴趣，销售过程则难以继续开展下去，如图6-4所示。

图6-4 简单生硬回复顾客

第四步：运用同步说话方式，保持沟通同步。

我们深知要想与顾客愉快地沟通交流，关键在于如何激发顾客购买兴趣。要想达到这样的效果，客服就要选择与顾客相同的说话方式。客服应善于让自己保持与顾客相同的说话方式，从而快速地与顾客达成共鸣，让顾客感到舒服，最终促成下单。

我们的客服案例

顾客："亲，在吗？我想为妈妈买条裙子，麻烦给个建议！"

客服："很高兴为您服务！（献吻表情）亲，真是孝顺父母呀，我们店铺有多款裙子特别适合送给妈妈！"

顾客："好的，麻烦了。"

客服："您客气了！咱们为妈妈挑一件舒适亲肤、大方得体的裙子吧！"

顾客："对的，我就是想买这样一条裙子。"

客服："酷夏天气炎热，舒适透气最重要，对吧？亲。"（微笑表情）

顾客："你说得太对了！"

客服："咱们店里的这款裙子是纯棉材质，而且是小店亲自设计的款式，在保证舒适亲肤的同时还能保证款式的独一无二！亲，要不要来一件呢？"

顾客："好的，拍一单！"

客服："非常感谢您对小店的支持！我们将继续努力，一如既往为您提供高质量的宝贝和优良服务！"（献花表情）

如何做到与顾客说话方式同步

任何一个年龄段的人都有自己的说话方式，客服要做的就是尽量与其保持相同的说话方式，确保语言沟通在同一频道，以免出现"鸡同鸭讲"的尴尬场面。如果是年轻人购物，就要用同龄人的说话方式来沟通，以体现青春活力；如果是老年人买东西，就要用老年人的说话方式来沟通，以体现耐心和专业性。

售前客服在介绍商品之前，要先尝试着与顾客聊天，以一种比较随和的方式接近顾客。等到发现顾客的兴趣点后，客服再根据顾客的兴趣点来介绍商品，这样易于营造融洽的谈话氛围，最终促使顾客下单。

需要注意的是，并非所有人都喜欢年轻态的网络语言。如果客服在与顾客沟通的过程中频繁使用网络语言，很可能会导致顾客对所使用的语言不理解，以致让其产生交流存在障碍的感觉，这也是客服人员沟通交流的禁忌。

（二）导购技巧

引导顾客下单购物是售前客服最重要的日常工作。售前客服体现着店铺形象，在未深入了解网店商品前，顾客对店铺的感知在很大程度上源于客服给他的第一印象。售前客服良好的导购服务可以提高店铺知名度，为店铺培养忠实的顾客群体。最近店铺询单转化率有所下降，为了解决订单流失问题，领导带领团队成员观摩和学习其他优秀网店的导购活动，学会了从定位顾客需求、抓住顾客心理、推动关联销售等方面进行售前导购工作。下面看看他是如何实施的。

第一步：倾听顾客陈述，询问顾客需求。

一般情况下，顾客进店咨询客服，就意味着顾客对店铺的商品具有一定的购买意向。倘若售前客服盲目地推荐商品，会使顾客产生厌烦感，容易造成订单流失。此时我们应该认真倾听顾客的诉说，在顾客的话语中把握其需求的关键词，准确定位顾客的购买需求，从而有针对性地向顾客推荐店铺商品，如图6-5所示。

有一种情况就是顾客非常缺乏主见，总是停留在两个商品上而无法取舍。面对此类患有"选择困难综合征"的顾客群体，我们认为应该引导性地帮助顾客来选择他们自己更喜欢的商品，如图6-6所示。

图6-5 准确定位顾客需求　　　　　　　　图6-6 引导顾客选择商品

第二步：抓住顾客心理，促使下单。

我们认为，如果售前客服能在导购过程中牢牢把握顾客买便宜心理和买不到心理，便离成功更近一步。例如，"这个活动仅此一天，明天就恢复原价啦。" "这个商品是限量发售的，只有100件供顾客购买，先到先得，请把握良机。"

第三步：推荐关联商品，提高客单价。

为了提高店铺的交易总额，我们采用了大部分网店都会使用的关联销售促销方式，以提高流量的利用率，让访客流量在店铺内部流动起来，增加店铺其他商品的展现和成交机会，让更多优质的商品吸引顾客，如图6-7所示。

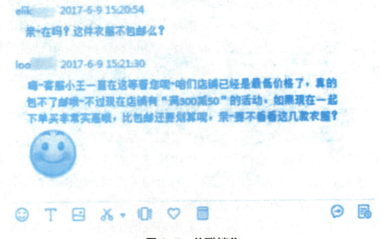

图6-7 关联销售

六、售后处理

（一）热情接待

如果买家收到东西后反映有问题，客服要热情地对待，且比交易的时候更热情，这样买家就会觉得卖家好，不是那种虚伪的卖家，让买家失望的客服，即使东西再好，服务不好，他们也不会再来。

（二）快速反应

买家认为商品有问题，一般会比较着急，怕不能得到解决，而且也会不太高兴。这个时候，客服要快速反应，记下买家的问题，及时查询问题发生的原因，及时帮助买家解决问题。有些问题不是马上能够解决的，值班客服也要告知买家一个明确的时间节点，有一些小问题可以自己解决的，就不要转到售后客服那里，晚上值班的客服更应注意这些。售后客服流程图如图 6-8 所示。

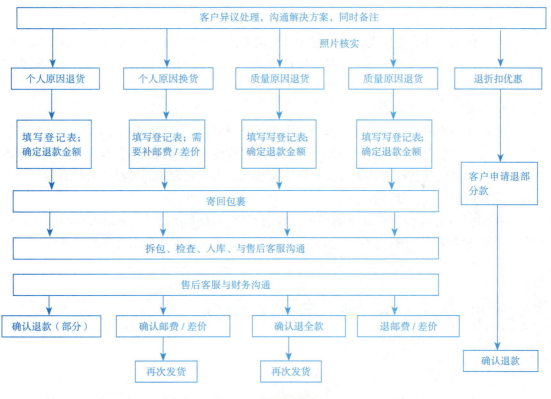

图 6-8 售后客服流程图

（三）认真倾听

买家投诉商品有问题，客服不要着急着去辩解，而是要耐心地听清楚问题的所在，然后记录下买家的用户名、购买的商品，这样便于回忆当时交易的情形。客服和买家一起分析问题出在哪里，才能有针对性地找到解决问题的办法。

（四）安抚和解释

当买家反映问题的时候，客服要站在买家的角度想问题，如果是自己遇到这个问题会怎么做，要怎么解决。所以客服要跟买家说："我同意您的看法"或者"我也是这么想的"。这样买家会感觉到客服是在为他处理问题，也会让买家对客服的信任更多。客服要和买家站在同一个角度看待问题，比如说："是不是这样子呢"或者"您觉得呢"。在沟通的时候，称呼也是很重要的，若是一名客服的话，对自己这边要以"我们"来称呼，对买家也可以用"我们"。例如，我们分析一下这个问题、我们看看……这样会更亲近一些，对买家要以"您"来称呼，不要一口一个"你"，这样既不专业也没礼貌。

（五）诚恳道歉

不管是因为什么样的原因造成买家的不满，都要诚恳地向买家致歉，对因此给买家造成的不愉快和损失道歉。如果客服已经非常诚恳地认识到自己的不足，买家也不好意思继续不依不饶。

（六）提出补救措施

对于买家的不满，客服要能及时提出补救的方法，并且明确地告诉买家，让买家感觉客服是在为他考虑，为他想办法，并且很重视他。一个及时有效的补救措施，往往能让买家的不满化成满意。

（七）通知买家并及时跟进

客服给买家采取什么样的补救措施，现在进行到哪一步，都应该告诉买家，让买家了解工作进展，了解卖家为他付出的努力。当买家发现商品出现问题后，首先他会担心能不能得到解决，其次他会担心需要多长时间才能解决。当买家发现补救措施及时有效，而且商家也很重视的时候，就会放心。

如果遇到不讲理和没有素质的买家，客服可以选择性地把买家不堪入目的文字忽略掉；留意关键字眼，了解这位买家到底是哪里不满意了，认真地做出合理的解答。

第二节　库存管理

一、入库管理

入库是商品储存的开始，主要是指物流公司的车到达仓库后，仓库管理人员开始着手收货。入库的基本环节如图6-9所示。

图6-9　入库的基本环节

（一）入库前的准备

1. 熟悉入库货物

仓库业务、管理人员应认真查阅入库货物资料，必要时向存货人询问，掌握入库货物的品种、规格、数量、包装状态、单体体积、到库确切时间、货物存期、货物的理化特性、保管的要求等，据此精确和妥善地进行库场安排和准备。

2. 掌握仓库库场情况

仓库管理人员了解在货物入库期间、保管期间仓库的仓容、设备、人员的变动情况，以便安排工作。必要时对仓库进行清查，清理归位，以便腾出仓容。对于必须使用重型设备操作的货物，一定要确保可使用设备的货位。

3. 制订仓储计划

仓储业务部门根据货物情况、仓库情况、设备情况，制订仓储计划，并将相应环节下达到各相应的作业单位、管理部门。

4. 仓库妥善安排货位

仓库部门根据货物的性能、数量、类别，结合仓库分区分类保管的要求，核算货位大小。根据货位使用原则，妥善安排货位，验收场地，确定堆垛方法、苫垫方案等准备工作。

5. 做好货位准备

仓库管理人员要及时地进行货位准备，彻底清理货位、残留物、排水管道，必要时安排消毒除虫、铺地；详细检查照明、通风等设备，发现损坏及时通知修理。

6. 准备苫垫材料、作业工具

在货物入库前，仓库管理人员根据所确定的苫垫方案，准备相应的材料，并组织衬垫铺设作业；对作业所需的用具，准备妥当，以便能及时使用。

7. 验收准备

仓库理货人员根据货物情况和仓库管理制度，确定验收方法；准备验收所需的点数、称量、测试、开箱装箱、丈量、移动照明等工具。

8. 文件单证准备

仓库保管员对货物入库所需的各种报表、单证、记录簿等，如入库记录、理货检验单、料卡、残损卡等预填妥善，以备使用。

注意：由于不同仓库、不同货物的业务性质不同，入库准备工作有所差别，需要根据具体的实际情况和仓库制度做好充分准备。

（二）接货与卸货

由于货物到达仓库的形式不同，除了一小部分由供货单位直接运到仓库交货外，大部分要经过铁路、公路、航运、空运和短途运输等运输工具转运。凡经过交通运输部门转运的商品，都必须经过仓库接运后，才能进行入库验收。因此，货物的接运既是入库业务流程的第一道作业环节，也是仓库直接与外部发生的经济联系。它的主要环节是及时而准确地向交通运输部门提取入库货物，要求手续清楚，责任分明，为仓库验收工作创造有利条

件。因为接运工作是仓库业务活动的开始，如果接收了损坏的或错误的商品，那将直接导致商品出库装运时出现差错。商品接运是商品入库和保管的前提，接运工作完成的质量直接影响商品的验收和入库后的保管保养。因此，在接运由交通运输部门转运的商品时，必须认真检查，分清责任，取得必要的证件，避免将一些在运输过程中或运输前就已经损坏的商品带入仓库，造成验收中责任难分。

做好商品接运业务管理的主要意义在于，防止把在运输过程中或运输之前已经发生损坏的商品和各种差错带入仓库，减少或避免经济损失，为验收和保管创造良好的条件。

（三）验收

根据实际情况，对货物进行计量、检验、检测，有的可能还要进行挑选整理工作，对验收合格的货物进行标明。

商品验收环节，取决于卖家自己的验收流程，如整箱验收、拆箱验收、包装检验、商品实物检验（包括抽样、部分检查或全面检查）。针对标准型产品或者知名厂家生产的商品，可信度较高，可以采取整箱验收。但如果供应商的资质不是十分理想，建议采用商品实物检查。

（四）编写货号

每一款商品都应该有一个货号，即商品编号。编写货号的目的是方便进行内部管理，在店铺或仓库里找货、盘货都更方便，最简单的编号方法是"商品属性+序列数"。具体做法如下：

（1）将商品区分一下类别，如头饰、耳环、项链、戒指、手机小饰品、胸针等。

（2）把每一类名称，对应写成其汉语拼音，确定商品属性的缩写字母，如头饰（Tou Shi）缩写为"TS"、耳环（Er Huan）缩写为"EH"、胸针（Xiong Zhen）缩写为（XZ）等。

（3）每一类的数字编号可以是两位数、三位数或四位数，视该类商品的数量而定，但也要有发展的眼光，因为商品款式可能越来越多，要留有发展的余地。例如，可以采用01~99或001~999的方式来编号，那么TS-001就代表头饰类的001号款式，XZ-001就表示胸针类的001号款式。

（4）如果销售的是品牌商品，厂家一般都有标准的货号，仓储就不需要再编写货号了，只需要照原样登记，但是要学会辨认厂家编写的货号。其实货号就是商品的一个简短说明。例如，一台TCL品牌的电视机，货号为L46PIOFBEG，代表这是一台PIO系列46英寸的全高清液晶电视，采用蓝光技术，兼有互联网电视功能，屏幕使用的是黑钻屏。

服装类商品因为款式繁多，因此编写货号的规则往往更加复杂。例如，李宁的产品每款都有对应的货号，只要了解李宁编写货号的规则，就能知道货号对应的是什么商品。

第一个字符代表产品大类，用数字表示，1代表服装，2代表鞋，3代表器材。

第二、第三个字符代表产品小类，用英文字母表示，如FD代表服装中的风衣，RW代表鞋子中的跑鞋，WS代表器材中的女式袜子，等等。

第四个字符代表生产年份，用数字或英文字母表示。2006年以前用数字表示，如4

代表 2004 年，5 代表 2005 年；2006 年以后的年份用英文字母表示，如 A 代表 2007 年，B 代表 2008 年，C 代表 2009 年。

第五、第六个字符代表该大类和小类的流水号，用数字表示。

第七个字符也是数字，用其偶数分别代表男款和女款。

第八、第九个字符代表颜色，用数字表示，如一个款式的服装既有红色的，也有黑色的，那么，可以用 –1 代表红色，–2 代表黑色。

（五）入库交接

入库物品经过点数、查验之后，可以安排卸货、入库堆码，表示仓库接收物品。在卸货、搬运、堆垛作业完毕，与送货人办理交接手续，并建立仓库台账。

交接手续是指仓库对收到的物品向送货人进行确认，表示已接受物品。办理完交接手续，意味着划分清运输、送货部门和仓库的责任。完整的交接手续包括：

（1）接收物品。仓库通过理货、查验物品，将不良物品剔出、退回或者编制残损单证等明确责任，确定收到物品的确切数量、物品表面状态良好。

（2）接收文件。接收送货人送交的物品资料、运输的货运记录、普通记录等，以及随货的在运输单证上注明的相应文件，如图纸、准运证等。

（3）签署单证。仓库与送货人或承运人共同在送货人交来的送货单、交接清单（表 6-4）上签署后留存相应单证，提供相应的入库、查验、理货、残损单证和事故报告由送货人或承运人签署。

表 6–1　送、接货交接单

收货人	发站	发货人	品名	标记	单位	件数	重量	车号	运单号	货位	合同号
备注											

送货人：　　　　　接收人：　　　　　经办人：

（六）入库信息处理

登记台账，并将有关单据反馈至其他有关部门，如财务、采购等。当然信息化程度比较高的企业入库信息的获取和传递可以依靠计算机系统和网络来进行。

（1）登账。物品入库，仓库应建立详细反映物品仓储的明细账，登记物品入库、出库、结存的详细情况，用以记录库存物品动态和出入库过程。

登账的主要内容包括物品名称、规格、数量、件数、累计数或结存数、存货人或提货人、批次、金额、注明货位号或运输工具、接（发）货经办人。

（2）立卡。物品入库或上架后，将物品名称、规格、数量或出入状态等内容填在料卡上，称为立卡。料卡又称为货卡、货牌，插放在货架上的物品下方的货架支架上或摆放在货垛正面明显位置，见表 6-5。

表 6-2　进销存卡

货品名称：　　　　　规格：　　　　单位：　　　　　　　　　　　　　　　单价：

日期	送货（提货）单位	入库	出库	库存	经手人

（3）建档。仓库应对所接收仓储的货物或者委托人建立存货档案或者顾客档案，以便货物管理和与顾客保持联系，同时有助于总结和积累仓库保管经验，研究仓储管理规律。

存货档案应该一货一档设置，将该货物入库、保管、交付的相应单证、报表、记录、作业安排等资料的原件或者复印件存档。存货档案应统一编号，妥善保管，长期保存。

二、出库管理

当拣选的订单与货物一同拿到包装台前时，需要对订单内所含的商品与所拣选的商品进行校验，确认发货订单商品的正确性。而后进行打包配货以及进行出库与物流公司交接等操作。出库发货的流程如图 6-10 所示。

图 6-10　出库发货的流程图

（一）打包

（1）分类包装。将不同的货物进行分类包装，不仅可以显示出物流工作的合理性，还能够在一定程度上保证物流的安全性。同时，不同的包装材料因为重量不同，也会对物流成本产生影响，从而影响整体的经营成本。

只要尺寸合适，纸箱几乎可以作为所有商品的外包装，购买成本是包装材料里较高的，但其防护作用也比较好。

大部分不易损坏的商品可以使用物流公司提供的一次性塑料袋来包装，如不怕挤压的服装、床上用品、毛绒玩具、靠垫等。

一些重量不轻，而且对防震要求又很高的商品，最好采用木板条装钉的箱子来包装，如电视机、跑步机等。

还有一类特殊商品需要采用特殊的包装。例如，在网上销售油画、水粉画一类的书画作品，一般很少会装裱后寄出，因为装裱的玻璃画框在运输途中更容易损坏，所以最好采用建材店出售的 PVC 管材来包装此类商品。

（2）隔离防震。在纸箱和货物之间的空间放置一些填充物，目的是给货物多一层保护，不让它们在里面左右摇晃，可以大大减少因为长途运输而产生的货损，增加物流配送的安全性。

合理的包装处理除了能保证货物的安全外，还会因为运输重量的不同使邮寄费用产生变化，所以选用的填充物需要遵循以下原则：

①纸箱的尺寸应该比货物尺寸略大，留有足够的缓冲空间来放置填充物，才能起到良好的隔离和防震效果。

②填充物的选择标准是体积大、重量轻，如报纸团、海绵、白色硬泡沫、气泡膜等。

（3）打包要点。不同的商品会有不同的包装和运输方式，下面以纸箱为例介绍货物包装应注意的要点，如图 6-11 所示。

图 6-11　打包

①避重就轻。商品和纸箱内壁的四周应该预留 3 厘米左右的缓冲空间，并用填充物固定好，以达到隔离和防震的目的。

②严丝合缝。用填充物塞满商品和纸箱之间的空隙，使纸箱的任何一个角度都能经得起外力的冲撞。

③原封不动。纸箱的所有边缝都要用封箱胶带密封好，不仅可以防止商品泄漏和液体侵入，还可以起到一定的防盗作用。

④表里如一。安全工作可以从纸箱内部延伸到外部，在纸箱封口处贴上 1~2 张防盗封条，起到一定的警示和威慑作用，可有效地防止内件丢失。

（二）称重

现阶段主要是电子称重，如果物流单在打包后打印，则可以在物流单上直接打印出包裹的重量，需要将物流单粘贴于包装袋或包装箱外部的明显位置。称重的结果会存于系统中，并在与物流公司交接时给予。也有大中型卖家，因发货量较大，会使用物流公司提供的软件和设备称重。称重完毕之后，需要与物流公司交接并装车。

（三）出库

整个发货环节中，针对拣选订单的商品，通常采用两种出库方式：先进先出和有保质期商品优先出库。

（1）先进先出。先进先出是一种有效地保证物品储存期不致过长的合理化措施，也是储存管理的准则之一。确保商品在出库过程中的优先发货次序，有效的先进先出主要包括如下内容：

①贯通式货架系统。利用货架的每层,形成贯通的通道,从一端存入物品,从另一端取出物品,物品在通道中自行按先后顺序排队,不会出现越位等现象。

②双仓法储存。给每种储存物品都准备两个仓位,轮换进行存取,在一个货位中取光,就可以保证先进先出。

③利用仓库管理系统。利用计算机管理系统,在储存时向计算机输入时间记录,输入一个简单的、按时间顺序输出的程序,取货时计算机就能按时间给予提示,以保证先进先出。

(2)有保质期商品优先出库。当入库的商品有保质期的条件时,需要特别给予关注,尤其针对食品、化妆品、日用品等保质期相对敏感的商品,需要在入库时按照保质期相同的批次统一在一个库区存放,便于在出库时拣选商品。

第三节　物流管理

一、选择合适的物流方式

下面,我们将学习商品的包装方法及如何选择最佳的物流,使卖家们进一步掌握商品包装和选择物流的技巧。一方面,学习常用的包装方式,了解包装材料及包装技巧,进一步节省包装费用,提高商品的安全性;另一方面,学会选择最佳的物流方式,全面提高工作效率和节省物流成本。

(一)选择合适的物流包装

随着促销活动的开展,店铺将迎来一波销售小高潮。订单多了,商品发货自然也就多了。卖家要想保证商品发货途中的安全,就要给商品选择合适的物流包装。下面对此进行详细介绍。

第一步:准备商品包装材料。

假如你开的是服装店,那么在包装前,先要将服装叠好,然后根据情况来选择包装材料。一般会用到无纺布袋(图6-12)、塑料封口袋(图6-13)、胶带等物品。

图6-12　无纺布袋

图6-13　塑料封口袋

网店销售的是以服装为主的商品,这类商品对于包装的要求不高,可以不用纸板箱、内部填充物等来进行包装,但因服装要穿在身上,所以应该用无纺布袋和塑料封口袋装好。

卖家可根据商品的实际情况来准备包装材料。卖家应该事先准备好需要的包装材料,避免在包装的时候手忙脚乱。

第二步:巧妙包装商品,提高安全性。

卖家准备好商品和包装材料后,将对商品进行包装。因为服装是贴身商品,所以在包装时先将服装用塑料袋装好,然后再装到无纺布袋里,以免异味渗透到衣服上,若卖家还担心在运输途中有渗水等情况发生,可以再在无纺布袋外套上一层塑料封口袋,进一步保护商品。

良好的包装可以保障商品的安全,使得商品能够完好无损地送到买家手里,这是提升网店声誉的一个很好的方法。

第三步:准确无误地填写快递单。

卖家将商品打包好后,接下来就要填写快递单了。此时卖家需再次确认买家的详细地址和联系方式,并根据买家的详细信息开始认真填写并打印快递单,如图6-14所示。

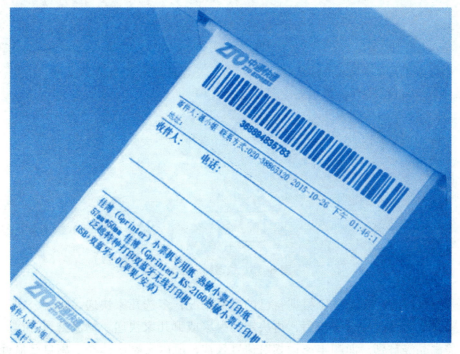

图6-14 快递单打印

快递单的填写很重要,它关系到商品能否准确、快速地送到买家手中,所以卖家在填写的时候一定要跟买家沟通并确定详细的收货地址和联系方式,然后根据详细信息准确无误地填写快递单。

认真填写快递单，保证准确无误地把商品送到买家手中，这又是一个为网店提高服务质量的好方法。上面所有步骤做好后，便完成了发货前的包装工作。

（二）选择合适的物流

若你已经将商品包装好，接下来需要联系快递公司，将买家购买的商品及时发送出去。因为买家急用商品，而且收货目的地在同省范围，所以要求商品隔日到。下面来看看，我们应该如何满足买家要求。

第一步：上网查询选择最合适的快递、物流公司。

初次开网店需要做的工作很多，其中快递就是很重要的一环。因此，在准备开店之前，卖家就应将快递方面的工作提前做了。想发快递，渠道很多，最简单的是去各快递网站查询你所在地的快递公司分部或快递公司的外部服务点。下面以顺丰速运为例进行说明，如图6-15所示。

图6-15 快递网点查询

刚开始做网店，卖家可以根据自己的产品情况，多选几家快递、物流公司，经过一段时间结合实际情况综合考虑后，再决定与哪家或哪几家快递、物流公司合作。这次因为买家需商品隔日到，而顺丰速运相对速度较快，所以卖家便选择了离自己最近的顺丰速运。

卖家应尽可能多选择几家快递、物流公司，IE浏览器中要收藏比较常用的快递公司主页，以便随时可以查询网点分布。当网店具有一定知名度，发货量大的时候，卖家再根据实际情况综合考虑决定与哪家或哪几家快递公司合作。

第二步：联系快递公司取件发货。

卖家通过网站查询到快递公司后，便要联系快递公司过来取件。由于是第一次与顺丰速运合作，跟快递业务员不熟悉，所以卖家可以选择直接在线下单（图6-16），等着快递公司派员收件。

图6-16 在线下单

因为刚使用快递发货，对快递业务不够清楚，且和快递业务员也不熟悉，如果直接联系快递业务员，他可能不会及时地收你的件，而发货又是讲求效率的，所以卖家此时最好直接在线下单预约收件，等双方熟悉后再直接联系快递业务员。

二、处理物流中的常见问题

在这一小节中，我们将学习如何避免和处理好物流中常见的问题。一方面，掌握常见物流使用注意事项，提高物流服务水平；另一方面，学会处理物流常见问题，同时研究如何避免同样的问题再次发生，从而进一步提高物流管理水平。

（一）使用物流的注意事项

随着销售量的增多，网店的快递发件量也逐步提升。发件量多了，难免就会有一些快件出错。这个时候卖家就需要谨记商品在物流过程的注意事项。

第一步：确认收货信息。

一般情况下，买家的收货地址、收货人、联系方式都是一开始就设置好并默认的，但为了防止出错，最好是再次请买家确认一下，如图6-17所示。

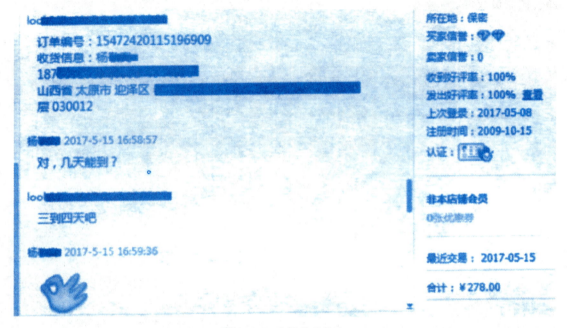

图6-17　确认收货信息

不要以为买家默认的收货地址、收货人、联系方式就一定是正确的，不排除买家有修改过收货地址、收货人的情况，或者对方是帮朋友买的，则收货人、收货地址、联系方式都要更改。所以，成交后卖家要请买家核实收货信息是否正确。

站在为买家带来贴心服务的立场上想，卖家更应该主动且有义务去提醒，这其实也是对彼此负责，而不单是为买家着想。试想如果卖家没有跟买家确认收货信息而导致货物无法送达，是不是又会给彼此造成不必要的麻烦呢？

第二步：确定买家收货地址是否有派送。

假如有一个买家的地址比较偏远，那么卖家会担心没有快递派送，因此前面收藏的各个快递网页就派上用场了。于是，卖家通过网页查询快递网点，找出能够派送到的快递公司并选择发件。例如，中通快递，可以先查询它的派送范围，如图6-18所示。

新手卖家需要注意的是，开网店会不时遇到快递网点不能派送到买家地址的情况，因为各家快递网点也是有不同派送范围的。有时候卖家只考虑节约快递成本问题，没有养成网上查询网点派送范围的习惯，如果遇到快递员刚好也是新手，不能判断是否能送达，便可能导致送去后又被告知不在派送范围，只得退回，重新选择另一快递公司，这样不仅浪费时间，还会让买家误解。

第六章 网店的管理

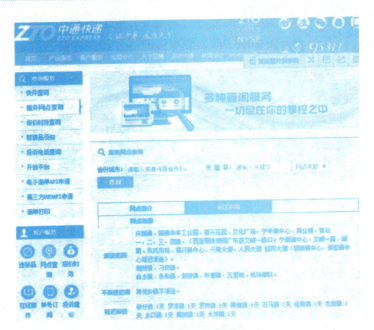

图 6-18 快递网点查询

卖家平时应养成在网上查找快递网点派送范围的习惯，尽可能减少失误，以提高卖家物流服务的质量，提升顾客满意度和回头率。

第三步：确认发货并及时告知买家物流动态信息。

卖家在发货后要有一个很好的习惯就是一发货就在计算机上确认，并及时将快递单号告知买家，让买家随时能留意并跟踪物流信息，如图 6-19 所示。

图 6-19 物流信息

有时候会出现这样的情况，就是中午快递公司已经上门收走快件了，但卖家可能因为忙，没有及时在网上确认发货，而买家晚上刚好上线没有查到物流信息，就误以为卖家还未发货，其实这样的误会完全可以避免，只需卖家工作做得更细致一点。

卖家要及时确认发货，避免买家因发货时间未发货而对卖家留下不好的印象，并及时将快递单号通过短信等方式告知买家，使买家能随时跟踪快递包裹，同时也可以用旺旺发布最新的物流动态信息给买家，如图6-20所示。

图6-20　最新物流动态信息

（二）避免和处理常见物流问题

这段时间你的网店做得越来越好，但最近却出了一件烦心的事，怎么回事呢？原来出单越来越多，出单多了随之而来的问题也不断发生。例如，有物流问题，有买家反映包裹有破损、丢失的，也有快递公司反映地址错误或买家无法联系等问题。针对这些问题，我们来看看，到底应该怎样处理呢？

第一步：处理包裹破损、包裹丢失的问题。

当发生包裹破损、丢失问题时，卖家需要让负责物流的同事回想当时包裹打包时的一些细节，查证发出去的包裹是否完好无损，同时也让买家证实包裹送到之前是否已破损，这样弄清原因，分清责任，才能解决问题。

完整的包裹和破损的包裹对比，如图6-21、图6-22所示。

包裹破损是在发货中常常遇到的问题，有经验的买家会在收包裹时认真检查，如果已破损，拒绝签收，这样方便卖家和快递公司商量赔偿问题。但也有很多买家不是亲自收货或者没有经验，在看到包装破损时也照样签收，等发现里面商品也破损了才找卖家解决问题，这样责任就分不清了，通常是卖家自己承担损失。所以在进行商品包装的时候，要想办法保证包裹安全，同时提示买家：当发现包裹破损时，请拒收。

图 6-21 完整的包裹

图 6-22 破损的包裹

包裹丢失这种情况一般比较少见，如果包裹丢失，卖家和快递公司协商赔偿也比较麻烦，因为快递公司一般不会原价赔偿，理由是没有保价，而且也不知道商品的真实价值，所以一般只赔偿包裹运费。因此还是需要卖家自己多注意，如小件的东西也尽量用文件袋或封口袋装好并打上标志，尽可能防止包裹丢失，这样总比包裹丢失再向快递公司索赔要好，并且不会因此在买家面前信誉受损。

遇到包裹破损、丢失的问题，在买家反馈问题的时候，卖家不要先入为主地认为买家故意找问题、找借口，一定要端正态度，语气和善地去为买家解决问题，因为良好的沟通才是解决问题的关键所在；不要因小失大，一遇到这种情况，就先与快递公司协商赔偿，而要分清轻重缓急，先解决买家问题，再与快递公司交涉。

第二步：处理地址错误、无法联系到买家的问题。

在订单确认发货前，卖家都会先与买家再次确认收货地址，但出单多的时候，也难免会忘记确认；也有些买家比较爽快，付款就下线了，造成不能再次确认；或者是将两个买家的发货地址弄混了。

如果是卖家填单的时候写错了地址或者地址不详而快递无法送到，快递公司也联系不上买家，比较负责的快递公司会先给卖家打电话，请卖家联系买家。不负责的快递公司会直接把包裹退回，这样卖家便需要再付运费发一次。

为了不出现这种情况，卖家在发货之前应尽量做好准备工作，及时与买家确认收货地址和收货人，从而避免这些问题的出现。

第三步：处理退、换货的问题。

一些买家在收到货物之后，觉得不喜欢、不合适或者是商品的尺寸不对，便会申请退、换货，如图 6-23 所示。

因为是网购，涉及运费问题，而买家很多时候都认为是包邮的，这样往往容易引起纠纷。因此，卖家最好在买家买商品的时候能给出一些建议，以免买家买了商品又觉得不合适而造成不愉快，同时说明自己的退、换货政策。

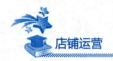

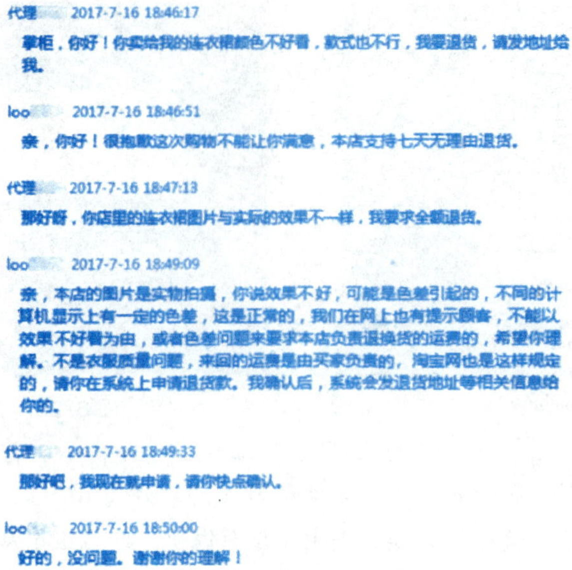

图 6–23　退货聊天记录

如果买家因为商品的质量问题而要求退货，应由卖家承担退货的运费。如果买家因为自己觉得不合适要求退货，这就需要买家自己承担运费。因此，卖家在发货之前一定要仔细地检查商品，避免买家因为质量问题要求退货。

知识回顾

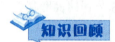

本章重点介绍客服管理、库存管理及物流管理。客服管理包括售前客服、售后客服、客服的要求和技巧等内容；库存管理包括入库管理和出库管理；物流管理包括合适物流方式的选择及出现问题的处理。

课后练习

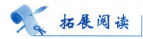

选择一个特定行业的淘宝店铺，如服装、食品、数码等，了解其产品基本知识，为该店铺做出一套完整的客服手册，包括售前咨询手册、售后服务手册和退换货处理手册等。

拓展阅读

处理顾客抱怨与投诉的七个“一点”

一、耐心多一点

在实际的处理过程中，客服要耐心地倾听顾客的抱怨，不要轻易打断顾客的叙述，也不要批评顾客的不足，而是鼓励顾客倾诉下去。让顾客尽情发泄心中的不满，当客服耐心地听完了倾诉与抱怨后，顾客得到了发泄的满足，就能够比较自然地听进客服的解释和道歉了。

二、态度好一点

顾客有抱怨和投诉，表现出顾客对产品及服务不满意，从心理上来说，他们会觉得卖家亏待了他。因此，如果客服在处理过程中态度不友好，会让顾客的心理感受及情绪变差，会恶化与客服之间的关系。反之，若客服态度诚恳，礼貌热情，会降低顾客的抵触情绪。俗话说："怒者不打笑脸人。"态度谦和友好，会促使顾客平复心情，理智地与服务人员协商并解决问题。

三、动作快一点

处理投诉和抱怨的动作快，一是可让顾客感觉到受尊重，二是体现商家解决问题的诚意，三是可以及时地防止顾客的负面影响对店铺造成更大的伤害，四是可以将损失减至最低。客服一般接到顾客投诉或抱怨的信息，应立即通过顾客电话或传真等方式了解具体内容，然后在部门内部协商好处理方案，不管处理的结果如何都要在给顾客承诺的时间内回复。

四、语言得体一点

顾客对服务不满，在发泄不满的言语陈述中有可能会言语过激，如果客服与之针锋相对，势必恶化彼此关系。在解释问题的过程中，措辞也应十分注意，要合情合理，得体大方，不要一开口就说"您懂不懂"等伤人自尊的语言，尽量用婉转的语言与顾客沟通，即使顾客存在不合理的地方，也不要过于冲动，否则，只会使顾客失望并很快离开。

五、补偿多一点

顾客抱怨或投诉在很大程度上是因为他们买了宝贝后，没有达到预期效果。因此，顾客抱怨或投诉之后，往往希望得到补偿，这种补偿有可能是物质上的，也可能是精神上的。在补偿时，卖家应该尽量补偿多一点，有时是物质及精神补偿同时进行，顾客得到额外的收获，会理解卖家的诚意并对店铺重拾信心。

六、层次高一点

顾客提出抱怨或投诉之后都希望自己的问题受到重视，往往处理这些问题的人员的层次会影响顾客期待解决问题的情绪。如果高层次的领导能够亲自处理或亲自打电话给顾客慰问，会化解许多顾客的怨气和不满，顾客易配合客服人员进行问题处理。因此，处理投诉和抱怨时，如果条件许可，应尽可能提高处理问题的客服的级别，如部门经理（或客服任职的部门领导）出面。

七、办法多一点

解决顾客投诉和抱怨的办法有很多种，很多企业处理顾客投诉和抱怨的结果，就是进行慰问、道歉或补偿其他物品，如赠送小礼品等。

参考文献

[1] 丁莎. 电子商务店铺运营 [M]. 北京：机械工业出版社，2016.

[2] 曹天佑，刘绍婕，时延辉. 店铺运营——网上店铺视觉营销指南 [M]. 北京：清华大学出版社，2017.

[3] 莫海燕. 店铺运营 [M]. 北京：高等教育出版社，2016.

[4] 李平. 店铺运营 [M]. 北京：机械工业出版社，2018.

[5] 李娟，卢英. 店铺运营 [M]. 重庆：重庆大学出版社，2018.

[6] 朱虹，李晨. 店铺运营 [M]. 北京：中国财政经济出版社，2015.

[7] 蓝魏，李平. 店铺运营 [M]. 北京：外语教学与研究出版社，2015.

[8] 梁闰仪. 店铺运营标准与流程设计 [M]. 北京：机械工业出版社，2013.

[9] 震宇，海蓝. 淘宝天猫直通车运营 [M]. 北京：人民邮电出版社，2018.

[10] 刘涛. 深度解析淘宝运营店铺运营 [M]. 北京：电子工业出版社，2015.

[11] 李成. 京东平台店铺运营 [M]. 北京：电子工业出版社，2016.

[12] 陈志民. 网红式店铺：内容营销下的电商运营新玩法 [M]. 北京：电子工业出版社，2017.

[13] 刘涛. 淘宝、天猫电商运营百科全书 [M]. 北京：电子工业出版社，2016.

[14] 吴元轼. 淘宝网店金牌客服实战 [M]. 北京：人民邮电出版社，2015.

[15] 毕传福. 淘宝客服超级口才训练与实用技巧 [M]. 北京：人民邮电出版社，2015.

[16] 徐克美. 网上经营实务 [M]. 北京：高等教育出版社，2009.

[17] 淘淘. 从3万到1000万的网店经营绝招 [M]. 北京：化学工业出版社，2011.

[18] 何小健. 脱颖而出——成功网店经营之道 [M]. 北京：人民邮电出版社，2013.

[19] 前沿文化. 网上开店完全自学手册 [M]. 北京：科学出版社，2010.

[20] 吴清烈. 网店运营与管理 [M]. 北京：外语教学与研究出版社，2012.

[21] 淘宝大学. 电商运营 [M]. 北京：电子工业出版社，2012.

[22] 淘宝大学. 网店客服 [M]. 北京：电子工业出版社，2011.

[23] 马涛. 淘营销 [M]. 北京：机械工业出版社，2011.

[24] 前沿文化. 网上开店推广与经营 [M]. 北京：科学出版社，2013.

[25] 柯洪娣. 网上开店三合一 [M]. 北京：清华大学出版社，2010.

[26] 涂画. 开家赚钱的网店 [M]. 北京：中国华侨出版社，2012.

[27] 九儿设计. 视觉营销 [M]. 北京：电子工业出版社，2012.

[28] 许保良. 客户服务 [M]. 北京：高等教育出版社，2012.

[29] 盛显欣. 商品学概论 [M]. 北京：中国商业出版社，2007.

[30] 罗岚. 网店运营专才 [M]. 南京：南京大学出版社，2010.